新时代青年工作

百问百答

孙钦梅 — 编

XINSHIDAI QINGNIAN

GONGZUO BAIWEN BAIDA

人民东方出版传媒
People's Oriental Publishing & Media
东方出版社
The Oriental Press

图书在版编目（CIP）数据

新时代青年工作百问百答 / 孙钦梅编 . —北京：
东方出版社，2024.5
ISBN 978-7-5207-3779-1

Ⅰ.①新… Ⅱ.①孙… Ⅲ.①青年工作—中国—问题
解答 Ⅳ.① D432.6-44

中国国家版本馆 CIP 数据核字（2024）第 003802 号

新时代青年工作百问百答
（XINSHIDAI QINGNIAN GONGZUO BAIWEN BAIDA）

编　　者：孙钦梅
策划编辑：张洪雪　杭　超
责任编辑：黄彩霞
出　　版：東方出版社
发　　行：人民东方出版传媒有限公司
地　　址：北京市东城区朝阳门内大街 166 号
邮政编码：100010
印　　刷：优奇仕印刷河北有限公司
版　　次：2024 年 5 月第 1 版
印　　次：2024 年 5 月北京第 1 次印刷
开　　本：710 毫米 ×1000 毫米　1/16
印　　张：14.25
字　　数：141 千字
书　　号：ISBN 978-7-5207-3779-1
定　　价：59.80 元
发行电话：（010）85924663　85924644　85924641

目 录
CONTENTS

第三篇

青年工作奏响时代强音

第四篇

强国建设迸发青春力量

第五篇

宏伟蓝图共绘奋进史诗

第六篇

严实之风展现清新形象

第一篇

思想之旗指引
前行方向

1
新时代青年与中国梦的关系是什么？

习近平总书记指出："实现中国梦，需要依靠青年，也能成就青年。"① 这深刻阐明了中国梦与青年梦交相辉映的内在关系，为广大青年在实现中华民族伟大复兴进程中发挥作用、实现价值指明了前进方向。一方面，中国梦需要青年。青年群体最富有朝气、最有创新潜力，代表着希望和未来。在实现中国梦的征程中，当代青年树立共同理想，中国梦的实现就会确立牢不可破的思想基础；当代青年弘扬民族精神，中国梦的实现就会拥有生生不息的动力源泉；当代青年矢志艰苦奋斗，中国梦的实现就会汇聚起奋发进取的强大力量。另一方面，中国梦成就青年。伟大梦想成就伟大事业，精彩时代铸就精彩人生。国家好，民族好，大家才会好。中国梦为青年个人梦想提供了广阔空间，为青年健康成长指明了方向。作为当代中国社会的最强音，中国梦为青年实

---

① 中共中央文献研究室编：《习近平关于青少年和共青团工作论述摘编》，中央文献出版社 2017 年版，第 69 页。

现梦想提供支持。"小河有水大河满。"国家的强大、民族的振兴、人民的幸福，最终会作用到每个青年个体的身上，为青年实现个人梦想提供更多的空间和支持。

★ **重要论述**

青年一代有理想、有本领、有担当，国家就有前途，民族就有希望。中国梦是历史的、现实的，也是未来的；是我们这一代的，更是青年一代的。中华民族伟大复兴的中国梦终将在一代代青年的接力奋斗中变为现实。全党要关心和爱护青年，为他们实现人生出彩搭建舞台。广大青年要坚定理想信念，志存高远，脚踏实地，勇做时代的弄潮儿，在实现中国梦的生动实践中放飞青春梦想，在为人民利益的不懈奋斗中书写人生华章！

——摘自 2017 年 10 月 18 日习近平总书记在中国共产党第十九次全国代表大会上的报告

2
为什么青少年要树立和践行社会主义核心价值观？

　　社会主义核心价值观是社会主义核心价值体系最深层的精神内核，是现阶段全国人民对社会主义核心价值观具体内容的最大公约数的表述，具有强大的感召力、凝聚力和引导力。青少年树立和践行社会主义核心价值观是成长所需、时代所需、国家所需。从自身成长上看，青少年处在价值观形成和确立的时期，抓好这一时期的价值观养成十分重要。"凿井者，起于三寸之坎，以就万仞之深。"青少年要从现在做起、从自己做起，使社会主义核心价值观成为自己的基本遵循，帮助自身树立正确三观、摆正人生成长方向。从时代形势上看，信息时代给当代青少年带来了前所未有的宽广视野，当前，世界范围内各种思潮交流交融交锋，国内各种矛盾和热点问题叠加出现，境内外敌对势力对我国实施西化、分化战略一刻也没有放松，这些都对青年的世界观、人生观、价值观产生着潜移默化的影响。综合看，当代青少年面对着深刻变化的社会、丰富多样的生活、形形色色的思潮，更需要通过社会主义核心价值观在理想信念上进行有力引导。从国家需要上看，一个民族的文明素养很大程度上体现在青年一代的道德水准和精神风貌上，青少年的价值取向决定了未来整个社会的价值取向。在当代中国，我们的民族、我们的国家应该将社会主义核心价值观作为遵循，倡导富强、民主、文明、和谐，倡导自由、平等、公正、法治，倡导爱国、敬业、诚信、友善，从国家、社会、公民层面总括了价值要求，给广大青少年树立了标准。

★ 相关知识

社会主义核心价值观

党的十八大报告强调指出："倡导富强、民主、文明、和谐，倡导自由、平等、公正、法治，倡导爱国、敬业、诚信、友善，积极培育和践行社会主义核心价值观。"这一论述明确了社会主义核心价值观的基本理念和具体内容，指出了社会主义核心价值体系建设的现实着力点，是对社会主义核心价值体系建设的新部署、新要求。

　　人类社会发展的历史表明，对一个民族、一个国家来说，最持久、最深层的力量是全社会共同认可的核心价值观。核心价值观，承载着一个民族、一个国家的精神追求，体现着一个社会评判是非曲直的价值标准。

　　我国是一个有着十三亿多人口的、五十六个民族的大国，确立反映全国各族人民共同认同的价值观"最大公约数"，使全体人民同心同德、团结奋进，关乎国家前途命运，关乎人民幸福安康。

　　我为什么要对青年讲讲社会主义核心价值观这个问题？是因为青年的价值取向决定了未来整个社会的价值取向，而青年又处在价值观形成和确立的时期，抓好这一时期的价值观养成十分重要。这就像穿衣服扣扣子一样，如果第一粒扣子扣错了，剩余的扣子都会扣错。人生的扣子从一开始就要扣好。

　　——摘自 2014 年 5 月 4 日习近平总书记在北京大学
　　师生座谈会上的讲话

3

怎样引导青年树立和践行社会主义核心价值观？

在坚持中国特色社会主义教育道路、培养德智体美劳全面发展的社会主义事业建设者和接班人的时代背景与要求下，用社会主义核心价值观培育新时代青年具有重要的现实意义。引导青年树立和践行社会主义核心价值观，需要从以下三个方面努力：一是积极引导青年对社会主义核心价值观的正确认识。正确认识中华优秀传统文化内在价值的同时，认清中华优秀传统文化内在价值和社会主义核心价值观是共性与个性的辩证关系，切实将社会主义核心价值观摆上青年的认知高位。二是引导和教育青年践行社会主义核心价值观。核心价值观的养成绝非一日之功，要坚持由易到难、由近及远，努力把核心价值观的要求变成日常的行为准则，通过见习、实习和社会调查等方式，从实践中去观察、思考、体验和感悟已学的知识，去升华自己的认知和发现真理，深化对社会主义核心价值观的认同，进而形成自觉奉行的信念理念。三是投身时代大潮中深刻领悟社会主义核心价值观。在全面推进社会主义现代化的进程中，民族精神和时代精神对于中华民族的凝聚力、激励作用越来越突出，已深深熔铸在民族的生命力、创造力和凝聚力之中，成为社会主义核心价值体系中不可或缺的一部分。

4
新时代中国青年人如何勤学、修德、明辨、笃实？

    当前越来越多的青年人正以勤学、修德、明辨、笃实的努力，践行社会主义核心价值观，诠释着"少年智则国智""少年进步则国进步"的内涵。在勤学、修德、明辨、笃实上下功夫，主要表现为：勤学，就是下得苦功夫，求得真学问。知识是树立核心价值观的重要基础，勤学是树立价值观的重要途径。为学之要贵在勤奋、贵在钻研、贵在有恒。鲁迅先生说过："哪里有天才，我是把别人喝咖啡的工夫都用在工作上的。"要勤于学习、敏于求知，注重把所学知识内化于心，形成自己的见解，既要专攻博览，又要关心国家、关心人民、关心世界，学会担当社会责任。修德，就是加强道德修养，注重道德实践。"德者，本也。"道德之于个人、之于社会，都具有基础性意义，做人做事第一位的是崇德修身。修德，既要立意高远，又要立足平实，还得从做好小事、管好小节起步，踏踏实实修好公德、私德，学会劳动、学会勤俭，学会谦让、学会宽容，学会自省、学会自律。明辨，

第一篇·思想之旗指引前行方向

就是善于明辨是非，善于决断选择。"学而不思则罔，思而不学则殆。"是非明，方向清，路子正，人们付出的辛劳才能结出果实。明辨，关键是要学会思考、善于分析、正确抉择，树立正确的世界观、人生观、价值观，掌握了这把总钥匙，一切真假、善恶、美丑，自然就洞若观火、清澈明了，自然就能作出正确判断、作出正确选择。笃实，就是扎扎实实干事，踏踏实实做人。道不可坐论，德不能空谈。青年有着大好机遇，关键是要迈稳步子、夯实根基、久久为功，把艰苦环境作为磨炼自己的机遇，把小事当作大事干，一步一个脚印往前走。滴水可以穿石。

★ **重要论述**

二〇一四年五月，我到北京大学同师生代表座谈时强调，广大青年要以执着的信念、优良的品德、丰富的知识、过硬的本领担负起历史重任，提了四点要求：要勤学，下得苦功夫，求得真学问；要修德，加强道德修养，注重道德实践；要明辨，善于明辨是非，善于决断选择；要笃实，扎扎实实干事，踏踏实实做人。

——摘自 2022 年 4 月 25 日习近平总书记在中国人民大学
师生代表座谈会上的讲话

5
青少年如何培育思想品德追求？

　　青少年培育高尚思想品德关键在于牢记、领悟和践行，习近平总书记指出"要做到记住要求、心有榜样、从小做起、接受帮助"①。记住要求，就是要把社会主义核心价值观的基本内容熟记熟背，让它们融化在心灵里、铭刻在脑子中。心有榜样，就是要学习英雄人物、先进人物、美好事物，在学习中养成好的思想品德追求。这就是孔子讲的："见贤思齐焉，见不贤而内自省也。"从小做起，就是要从自己做起、从身边做起、从小事做起，一点一滴积累，养成好思想、好品德。每个人的生活都是由一件件小事组成的，养小德才能成大德。接受帮助，就是要听得进意见，受得了批评，在知错就改、越改越好的氛围中健康成长。一个人不可能十全十美，总是在克服缺点、纠正错误的过程中进步的，正所谓"玉不琢，不成器；人不学，不知义"。

---

① 习近平：《论党的青年工作》，中央文献出版社 2022 年版，第 83 页。

第一篇 · 思想之旗指引前行方向

6
怎样加强青少年社会主义核心价值观培育？

　　加强青少年社会主义核心价值观培育，关键在于完善体系、强化合力，努力形成学校教育、教师教育、家庭教育三结合的培育网络，全方位、立体式地培育青少年积极健康向上的人生观、价值观。一是在学校教育层面，要把德育放在更加重要的位置，全面加强校风、师德建设，坚持教书育人，循循善诱，春风化雨。努力做到每一堂课不仅传播知识，而且传授美德；每一次活动不仅健康身心，而且陶冶性情，让同学们都得到倾心关爱和真诚帮助，让社会主义核心价值观的种子在学生心中生根发芽。二是在教师教育层面，广大教师要用好课堂讲坛，用好校园阵地，用自己的行动倡导社会主义核心价值观，用自己的学识、阅历、经验点燃学生对真善美的向往，使社会主义核心价值观润物细无声地浸润学生们的心田、转化为日常行为，增强学生的价值判断能力、价值选择能力、价值塑造能力，引领学生健康成长。三是在家庭教育层面，家长要重言传、重身教，教知识、育品德，身体力行、耳濡目染，帮助孩子扣好人生的第一粒扣子，迈好人生的第一个台阶。要在家庭中培育和践行社会主义核心价值观，引导家庭成员特别是下一代热爱党、热爱祖国、热爱人民、热爱中华民族。

★ **重要论述**

　　家庭是人生的第一个课堂，父母是孩子的第一任老师。孩子们从牙牙学语起就开始接受家教，有什么样的家教，就有什么样的人。家庭教育涉及很多方面，但最重要的是品德教育，是如何做人的教育。

　　广大家庭都要重言传、重身教，教知识、育品德，身体力行、耳濡目染，帮助孩子扣好人生的第一粒扣子，迈好人生的第一个台阶。

——摘自 2016 年 12 月 12 日习近平总书记在会见第一届全国文明家庭代表时的讲话

7
怎样理解共青团"党有号召、团有行动"的
光荣传统?

习近平总书记指出:"在中国青年运动的光辉历程中,共青团发扬'党有号召、团有行动'的优良传统,为党争取青年人心、汇聚青年力量,在革命、建设、改革各个历史时期作出了积极贡献、发挥了重要作用。"[①]一部百年中国青年运动史,就是一部一代代青年在党的领导下团结奋斗的历史,就是一部党始终代表广大青年、赢得广大青年、依靠广大青年的历史。新民主主义革命时期,共青团坚持用马克思主义启迪青年、用革命理想感召青年、用党的旗帜凝聚青年,团结带领广大团员青年踊跃投身反帝反封建斗争,为建立新中国冲锋陷阵、抛洒热血。社会主义革命和建设时期,共青团着力激发青年一代的主人翁意识,团结带领广大团员青年响应党的号召,向困难进军、向荒原进军,保卫祖国、建设祖国,在新中国的广阔天地上忘我劳动、艰苦创业。

---

① 习近平:《论党的青年工作》,中央文献出版社 2022 年版,第 217 页。

改革开放和社会主义现代化建设新时期，共青团解放思想、锐意进取，团结带领广大团员青年发出团结起来、振兴中华的时代强音，为祖国繁荣富强开拓奋进、锐意创新。

★ 重要论述

　　新时代中国青年运动的主题，新时代中国青年运动的方向，新时代中国青年的使命，就是坚持中国共产党领导，同人民一道，为实现"两个一百年"奋斗目标、实现中华民族伟大复兴的中国梦而奋斗。

　　青年是整个社会力量中最积极、最有生气的力量，国家的希望在青年，民族的未来在青年。今天，新时代中国青年处在中华民族发展的最好时期，既面临着难得的建功立业的人生际遇，也面临着"天将降大任于斯人"的时代使命。新时代中国青年要继续发扬五四精神，以实现中华民族伟大复兴为己任，不辜负党的期望、人民期待、民族重托，不辜负我们这个伟大时代。

　　——摘自 2019 年 4 月 30 日习近平总书记在纪念
　　五四运动一百周年大会上的讲话

8
不同时代背景下共青团怎样与党同心、跟党奋斗？

　　与党同心、跟党奋斗是一代一代中国青年凯歌前行的坚定信念。为争取民族独立和人民解放，广大青年舍生忘死、浴血奋战；誓要改变国家一穷二白的旧面貌，他们勇挑重担、艰苦奋斗；改革春潮激荡，他们勇作改革闯将，开风气之先，锐意进取、顽强拼搏；昂首迈入新时代，他们踔厉奋发、无悔奉献，在脱贫攻坚、科技创新、抗击疫情等战场上勇敢迎接时间的挑战和检验。时代的幕布几经转换，中国青年不忘初心、砥砺奋进的姿态始终不变，在革命、建设、改革和中国特色社会主义新时代，他们贡献了宝贵青春，建立了重要功勋，所有这一切都将被永远镌刻在史册中。

　　与党同心、跟党奋斗是今天中国广大青年的人生航向。当前，我们已经胜利实现了第一个百年奋斗目标，在中华大地上全面建成了小康社会，正在意气风发向着全面建成社会主义现代化强国的第二个百年奋斗目标迈进。见证国家发展的历史性成就，前瞻民族未来无比光明的前景，广大青年无疑是幸运的一代；历史的重任终将交到青年一代手中，广大青年也是责任重大的一代。而不忘初心使命，共青团也必将增强引领力、组织力、服务力，团结起一切可以团结的青春力量，继续在新时代唱响壮丽的青春之歌。

第一篇·思想之旗指引前行方向

第二篇

民族复兴强化
使命担当

9
为什么说青少年是国家的未来和民族的希望？

习近平总书记在庆祝中国共产主义青年团成立 100 周年大会上的讲话中指出："青春孕育无限希望，青年创造美好明天。一个民族只有寄望青春、永葆青春，才能兴旺发达。"① 在五千多年源远流长的文明历史中，中华民族始终有着"自古英雄出少年"的传统，始终有着"长江后浪推前浪"的情怀，始终有着"少年强则国强，少年进步则国进步"的信念，始终有着"希望寄托在你们身上"的期待。千百年来，青春的力量，青春的涌动，青春的创造，始终是推动中华民族勇毅前行、屹立于世界民族之林的磅礴力量。当前，新时代中国青年处在中华民族发展的最好时期，既面临着难得的建功立业的人生际遇，也面临着"天将降大任于斯人"的时代使命。历史和现实都告诉我们，青少年有理想、有担当，国家就有前途，民族就有希望，实现我们的发展目标就有源源不断的强大力量。展望未来，青少年必将大有可

① 习近平：《论党的青年工作》，中央文献出版社 2022 年版，第 1 页。

为，也必将大有作为。广大青少年要勇敢肩负起时代赋予的重任，志存高远，脚踏实地，不断书写奉献青春的时代篇章，努力在实现中华民族伟大复兴的中国梦的生动实践中放飞青春梦想。

★ 重要论述

少年儿童是祖国的未来，是中华民族的希望。这就是《少年中国说》中所说的：少年智则国智，少年富则国富，少年强则国强，少年进步则国进步。新陈代谢是不可抗拒的历史规律，未来总是由今天的少年儿童开创的。去年"六一"时我说过，每个人都是从孩子长大的。实现我们的梦想，靠我们这一代，更靠下一代。少年儿童的心灵都是敏感的，准备接受一切美好的东西。"自古英雄出少年。"为了中华民族的今天和明天，我们要教育引导广大少年儿童树立远大志向、培育美好心灵，让少年儿童成长得更好。

——摘自 2014 年 5 月 30 日习近平总书记在北京市海淀区民族小学主持召开座谈会时的讲话

10
中华民族伟大复兴新征程中青年人的使命是什么？

习近平总书记指出："新时代的中国青年要以实现中华民族伟大复兴为己任，增强做中国人的志气、骨气、底气，不负时代，不负韶华，不负党和人民的殷切期望！"[①] 当前，强国新征程的号角已经吹响。新时代的青年作为"平视这个世界"的强国一代，也是创造历史的一代，实现中华民族伟大复兴是时代赋予这一代的责任和荣光。为接续伟大梦想，新时代青年要肩负起历史使命，坚定前进信心，立大志、明大德、成大才、担大任，努力成为堪当民族复兴重任的时代新人，进一步发挥自身的积极性、主动性、创造性，以实干践行使命，凝聚起砥砺前行、攻坚克难的先锋力量。只有让青春的力量在时代的洪流中乘风破浪奋勇前行，只有让青春的涌动在历史的浪潮中乘风而起接续而

---

① 习近平：《在庆祝中国共产党成立 100 周年大会上的讲话》，人民出版社 2021 年版，第 21 页。

新时代青年工作百问百答

上，只有让青春的创造在新征程中披荆斩棘高歌猛进，才能不断推动中华民族砥砺前行，不断夺取新时代中国特色社会主义的新胜利。

★ **重要论述**

历史和现实都告诉我们，青年一代有理想、有担当，国家就有前途，民族就有希望，实现我们的发展目标就有源源不断的强大力量。

展望未来，我国青年一代必将大有可为，也必将大有作为。这是"长江后浪推前浪"的历史规律，也是"一代更比一代强"的青春责任。广大青年要勇敢肩负起时代赋予的重任，志存高远，脚踏实地，努力在实现中华民族伟大复兴的中国梦的生动实践中放飞青春梦想。

——摘自 2013 年 5 月 4 日习近平总书记在同各界优秀青年代表座谈时的讲话

第二篇·民族复兴强化使命担当

11
怎样激发广大青年的历史责任感?

　　2023年6月26日,习近平总书记在同团中央新一届领导班子成员集体谈话时强调,共青团要把牢新时代青年工作的主题,最广泛地把青年团结起来、组织起来、动员起来,激励广大青年增强历史责任感和使命感。青年学子在认清历史重任中不断深化理想信念、培育斗争精神与奉献精神,是有效化解现实困境的重要举措,也是增强主动担当意识的关键所在。责任担当不是空洞抽象的概念,广大青年需要在把握历史规律的基础上,增强在实践中的担当本领,在历史主动精神的引领下落到实处,转化为具体的目标和行动。广大青年要利用好国家为青年一代施展才华搭建的广阔舞台,积极投身到中国式现代化建设的鲜活实践中去。肩负中华民族伟大复兴重任的新时代青年,要从党的百年奋斗历程中体悟我们党不忘初心、不怕牺牲的奉献精神,胸怀"国之大者",努力成长为对社会进步、国家发展、人民幸福无私奉献的时代新人。

12
如何帮助青年人将远大志向变成现实？

　　青年人是最有理想抱负的群体，树立远大志向是其实现伟大事业的起点，将远大志向变为现实是青年人挥洒汗水与建功立业的重要过程，也是国家帮助青年人成长成才的一项基础性战略性工程。一是为其加强和改善党对青年工作的领导。要充分发挥中国共产党领导这个最大的政治优势，统揽全局，协调各方，整合全社会资源，齐抓共管，形成青年成长成才的最大合力。要加强党对共青团的领导，坚决贯彻落实习近平总书记在党的群团工作会议上的重要讲话精神、《中共中央关于加强和改进党的群团工作的意见》，确保共青团成为党的忠实助手和忠诚后备军。二是帮其培育过硬的社会资格能力。要坚定理想信念，牢固树立中国梦的远大理想和中国特色社会主义的人生信念，这样青年的发展才有正确的方向；要练就过硬本领，在社会主义现代化建设的伟大事业中实现人生价值；敢于担当作为，青年要敢想敢干、敢试敢闯，努力在改革开放中闯新路、创新业，不断开辟事业发展新天地。三是助其投身于伟大的社会实践。青年只有与国家、民族、事业紧密地结合在一起，才具有本质意义，才能充分体现青年价值。青年唯有把人生理想融入国家和民族的事业中，投身于人民的伟大奋斗中，才能获得广阔的舞台和光明的前景，创造美好人生，成就宏图伟业。

★ **重要论述**

明天的中国，希望寄予青年。青年兴则国家兴，中国发展要靠广大青年挺膺担当。年轻充满朝气，青春孕育希望。广大青年要厚植家国情怀、涵养进取品格，以奋斗姿态激扬青春，不负时代，不负华年。

——摘自习近平总书记 2023 年新年贺词

13

为什么青年人的人生追求要同国家发展进步和人民伟大实践紧密结合起来？

青年人的人生追求同国家发展进步和人民伟大实践紧密相连。在党的坚强领导和无数青年的接续奋斗下，我国当前处于近代以来最好的发展时期，我们比历史上任何时期都更接近、更有信心和能力实现中华民族伟大复兴的目标。对于当代青年而言，这既是机遇，也是挑战。人的一生只有一次青春。现在，青春是用来奋斗的；将来，青春是用来回忆的。当代青年要真正树立为祖国为人民永久奋斗、赤诚奉献的坚定理想，将自己的理想同祖国的前途、把自己的人生同民族的命运紧密联系在一起，把自己的小我融入祖国的大我、人民的大我之中，扎根人民，奉献国家，才能充分发挥人生价值、升华人生境界。

14
中华民族伟大复兴新征程上应该争做怎样的新时代好青年？

　　党的二十大擘画了全面建设社会主义现代化国家的宏伟蓝图，吹响了向实现第二个百年奋斗目标进军、以中国式现代化全面推进中华民族伟大复兴的嘹亮号角。在民族复兴的新征程上，世界目光越来越聚焦中国，历史重任越来越赋予青年。当代青年的成长期、奋斗期与中华民族伟大复兴历史进程高度重合，肩负的使命无比光荣，担当的责任艰巨繁重。面对中华民族伟大复兴战略全局和世界百年未有之大变局，面对前进道路上可能遇到的艰难险阻甚至惊涛骇浪，广大青年必须展现勇当先锋的青春气质，为强国建设、民族复兴挺膺担当。要坚定历史自信、激发历史主动，努力做有理想、敢担当、能吃苦、肯奋斗的新时代好青年，让青春在全面建设社会主义现代化国家的火热实践中绽放绚丽之花。

当代中国青年是与新时代同向同行、共同前进的一代，生逢盛世，肩负重任。广大青年要爱国爱民，从党史学习中激发信仰、获得启发、汲取力量，不断坚定"四个自信"，不断增强做中国人的志气、骨气、底气，树立为祖国为人民永久奋斗、赤诚奉献的坚定理想。要锤炼品德，自觉树立和践行社会主义核心价值观，自觉用中华优秀传统文化、革命文化、社会主义先进文化培根铸魂、启智润心，加强道德修养，明辨是非曲直，增强自我定力，矢志追求更有高度、更有境界、更有品位的人生。要勇于创新，深刻理解把握时代潮流和国家需要，敢为人先、敢于突破，以聪明才智贡献国家，以开拓进取服务社会。要实学实干，脚踏实地、埋头苦干，孜孜不倦、如饥似渴，在攀登知识高峰中追求卓越，在肩负时代重任时行胜于言，在真刀真枪的实干中成就一番事业。

——摘自 2021 年 4 月 19 日习近平总书记在清华大学

考察时的讲话

15

新时代中国青年如何成长为堪当民族复兴重任的时代新人？

  习近平总书记指出："时代呼唤担当，民族振兴是青年的责任。"[①]"当代中国青年是与新时代同向同行、共同前进的一代，生逢盛世，肩负重任。"[②]处在中华民族发展的最好时期，既面临着难得的建功立业的人生际遇，也面临着"天将降大任于斯人"的时代使命。新时代是追梦者的时代，也是广大青年历练建功的时代。青年们必须树立终身学习的理念，向书本学习、向实践学习、向人民学习，努力学习理论知识和专业技能，持续提高与时代发展和事业要求相适应的能力素质，强化思想淬炼、政治历练、实践锻炼、专业训练，实学实干、脚踏实地、埋头苦干，在摸爬滚打中提升本领，在层层历练中积累经验，在不断掌握真才实学中增强担当民族复兴重任的底气，把对祖国血浓于水、与人

[①] 习近平：《在纪念五四运动100周年大会上的讲话》，人民出版社2019年版，第8页。

[②] 习近平：《论党的青年工作》，中央文献出版社2022年版，第236页。

民同呼吸共命运的情感融汇在事业追求中。

代表广大青年，赢得广大青年，依靠广大青年，是我们党不断从胜利走向胜利的重要保证。当前，全党全国各族人民正在为实现党的十八大提出的奋斗目标而奋发努力，正在朝着实现中华民族伟大复兴的中国梦而奋勇迈进。这是党和国家工作大局，也是中国青年运动的时代主题。

正确的理想、坚定的信念必须从青年抓起。青年时代，是激情满怀、富有朝气的时代，是放飞理想、人生出彩的时代。一个人在青年时代确立的正确的理想、坚定的信念对自己成长和人生奋斗具有重要意义。帮助广大青年确立正确的理想、坚定的信念，应该成为团组织的首要任务。只有抓好这项工作，才真正抓到了根本上。这是党对共青团工作第一位的要求。

——摘自2013年6月20日习近平总书记在同团中央新一届领导班子集体谈话时的讲话

第二篇·民族复兴强化使命担当

16
为什么说中国特色社会主义新时代是中国青年成长成才、建功立业的最好时代？

中国特色社会主义新时代，是中华民族发展史上具有里程碑意义的伟大时代，也是中国青年成长成才、建功立业的最好时代。在脱贫攻坚主战场，广大青年自觉响应党的号召，投身农村广阔天地，为乡亲们脱贫致富想实招、办实事，涌现出一大批青年楷模；在科技攻关最前沿，处处活跃着青年人勇挑重担、勇闯难关的身影，天宫、蛟龙、嫦娥、北斗等一系列成果背后，凝结了广大青年科技工作者的智慧和汗水；在疫情防控第一线，青年医务人员白衣为甲、逆行出征，广大青年突击队员和志愿者不畏艰险、倾情奉献，用肩膀扛起如山的责任；在保卫祖国哨位上，广大青年官兵不怕牺牲、威武守护，谱写了"清澈的爱，只为中国"的青春赞歌；在北京冬奥会、冬残奥会赛场上，我国冰雪健儿奋勇争先、创造历史，青年志愿者无私奉献、热情服务，向世界展示了中国青年的良好形象；还有更多的青年，在各自平凡岗位上默默奋斗、砥砺拼搏，用实际行动践行着"请党放心、强国有我"的青春誓言，昭示着中华民族伟大复兴的光明前景。

★ 重要论述

我们面临的新时代，既是近代以来中华民族发展的最好时代，也是实现中华民族伟大复兴的最关键时代。广大青年既拥有广阔发展空间，也承载着伟大时代使命。青年是国家的希望、民族的未来。我衷心希望每一个青年都成为社会主义建设者和接班人，不辱时代使命，不负人民期望。对广大青年来说，这是最大的人生际遇，也是最大的人生考验。

——摘自 2018 年 5 月 2 日习近平总书记在北京大学师生座谈会上的讲话

17
新时代中国青年为什么要勇做走在时代前列的奋进者、开拓者、奉献者？

　　中国青年始终是实现中华民族伟大复兴的先锋力量。习近平总书记指出："今天，新时代中国青年处在中华民族发展的最好时期，既面临着难得的建功立业的人生际遇，也面临着'天将降大任于斯人'的时代使命。"① 一是要练就本领，勇做时代的奋进者。青年一代要抓住一切磨炼自己的机会，扎扎实实干事，在小事上下功夫，在平凡的岗位上打造不平凡的业绩，练就本领方能在全面建设社会主义现代化国家的舞台上大展才华，勇做走在时代前列的奋进者。二是要敢闯敢试，勇做时代的开拓者。新时代青年只有具备敢闯敢干的锐气，才能从无到有地开辟事业发展的新天地，创造新时代国家发展的新动能，铭记时代赋予的使命，勇做走在时代前列的开拓者。三是要勇于实践，勇做时代的奉献者。社会是个大舞台，青年作为民族的未来和

---

① 习近平：《论党的青年工作》，中央文献出版社 2022 年版，第 209 页。

希望，既要有读书破万卷的知识储备，又要有"绝知此事要躬行"的实践。青年时代的勇于实践和奉献，必将收获宝贵经验和智慧，从而实现时代赋予青年的责任，勇做走在时代前列的奉献者。

18
新时代中国青年需践行的责任义务是什么？

　　青年是新时代的生力军，是民族复兴的中坚力量。青年要保持初生牛犊不怕虎、越是艰险越向前的刚健勇毅，只有不断增强责任感，明确自身对于国家和人民的责任，自觉把自身需要与社会需求相统一、把个人前途与国家命运相结合、把个体发展与民族振兴相联系，才能肩负起时代赋予的大任。具体而言，新时代青年需践行的责任义务主要表现在四个方面：一是坚定不移紧跟党走好中国道路。青年听党话、跟党走的政治信念是对党的政治主张、政治原则、政治事业和政治活动等的认同，由此产生与党的意志相一致的思想和行为，坚定不移地追随党的步伐，将自身发展融入党和国家事业发展全局。二是以实际行动传承弘扬中国精神。中国精神是兴国强国之魂，必须弘扬中国精神，以高扬的精神旗帜为指引，以强大的精神支柱为支撑，团结凝聚青年人的智慧，增强实现中华民族伟大复兴的精神力量。三是团结一心凝聚起中国力量。团结是中国人民和中华民族战胜前进道路上一切风险挑战、不断从胜利走向新的胜利的重要保证。青年人团结一心、众志成城，敢于斗争、善于斗争，凝聚团结奋斗的磅礴力量，形成同心共圆中国梦的强大合力，就能把中国发展进步的命运牢牢掌握在自己手中。四是向全世界展现可信、可爱、可敬的中国形象。今天的中国正日益走近世界舞台中央，今天的中国青年已经成为平视世界的一代。更好地让世界认识中国、让中国走向世界，是当代青年义不容辞的责任。

19
新时代青年怎样坚定不移跟党走好中国道路？

　　新时代的伟大成就、伟大变革充分证明：有中国共产党领导，中华民族伟大复兴的历史潮流就不可阻挡，中国式现代化的道路就会越走越宽广。进入新时代，广大青年要继承先辈之志，将自己人生价值的实现同祖国的繁荣富强联系起来，筑牢信仰之基、补足精神之钙、把稳思想之舵，书写无愧于新时代的精彩人生。面向未来，新时代青年要始终树立远大理想、厚植家国情怀，不断坚定中国特色社会主义道路自信、理论自信、制度自信、文化自信，准确把握中国式现代化的中国特色、本质要求和重大原则，更加自觉、更加坚决地团结在以习近平同志为核心的党中央周围，朝着党的二十大确定的目标和方向奋勇前进，为推进中国式现代化贡献青春的智慧和力量。

　　立足新时代新征程，中国青年的奋斗目标和前行方向归结到一点，就是坚定不移听党话、跟党走，努力成长为堪当民族复兴重任的时代新人。一代人有一代人的长征，一代人有一代人的担当。新时代中国青年对先辈最好的告慰、对历史最大的负责，就是坚定走好新时代的长征路。

　　——摘自 2022 年 4 月 25 日习近平总书记在中国人民大学师生代表座谈会上的讲话

20
新时代青年怎样以实际行动传承弘扬中国精神？

习近平总书记高度重视中国精神的培育和弘扬，他身体力行地倡扬中国精神，激励全党和全社会践行中国精神，为中华民族伟大复兴熔铸中国品格，凝聚中国力量，确立中国价值。面向未来，青年人要自觉做到衣食无忧而不忘艰苦、岁月静好而不丢奋斗，坚决摒弃躺在前人功劳簿上享乐的"坐享"心态，不思进取、得过且过的"躺平"心态，把负重前行当吃亏、"躲进小楼成一统"的逃避心态，拿出顶风破浪、勇往直前的豪气，明知山有虎、偏向虎山行的胆气，披荆斩棘、除旧布新的锐气，勤奋学习、躬身实践，主动到祖国和人民最需要的地方拼搏奉献，在经济发展、科技创新、文化教育、乡村振兴、社会治理、美丽中国建设和卫国戍边一线建功立业。

广大青年投身乡村振兴

党的十八大以来，各级共青团组织深化实施脱贫攻坚青春建功行动、乡村振兴青春建功行动，引导有志青年在脱贫攻坚主战场、乡村振兴大舞台大展才华、实现梦想。

联合农业农村部评选首届"全国乡村振兴青年先锋"，示范引领广大青年投身农业强国建设；近5年累计动员21万余名高校学生依托"大学生志愿服务西部计划""研究生支教团"等项目到西部地区开展志愿服务；开展高素质农民培育，举办900多个班次，培训6万余人。

"希望同学们志存高远、脚踏实地，把课堂学习和乡村实践紧密结合起来，厚植爱农情怀，练就兴农本领，在乡村振兴的大舞台上建功立业，为加快推进农业农村现代化、全面建设社会主义现代化国家贡献青春力量。"2023年五四青年节前夕，习近平总书记给中国农业大学科技小院的同学们回信，提出殷切希望。

过去 5 年，每年都有 3000 余所高校 600 余万名学生组队，深入乡村基层一线参与全国大中专学生志愿者暑期文化科技卫生"三下乡"社会实践活动；各级团组织还创设并深化全国大学生"返家乡"社会实践活动，数十万人次大学生在寒暑假期间利用所学知识服务家乡建设。

（资料来源：《以奋斗姿态激扬青春——新时代党的青年工作成就综述》，《人民日报》2023 年 6 月 18 日。

标题为编者自拟）

21
新时代青年怎样团结一心凝聚起中国力量？

习近平总书记指出："团结是中国人民和中华民族战胜前进道路上一切风险挑战、不断从胜利走向新的胜利的重要保证。"①越是伟大的事业，越是吃劲的时刻，就越需要万众一心、众志成城。面对民族复兴进入关键时期，面对外部势力打压遏制，团结奋斗的时代意义更加凸显。面向未来，新时代的中国青年要做到：一是自觉践行人民至上的价值立场，深刻理解共同富裕的价值追求，着力增强集体主义观念，自觉把"小我"的青春奋斗融入"大我"的时代洪流之中；二是做新时代的奋斗者，为国家富强、民族复兴、人民幸福而不懈奋斗，把奋斗的汗水挥洒在复兴的征程上，勇做走在时代前列的奋进者、开拓者，在劈波斩浪中开拓前进，在攻坚克难中创造业绩；三是摒弃"躺赢"心

---

① 《习近平总书记在出席庆祝中华人民共和国成立 70 周年系列活动时的讲话》，人民出版社 2019 年版，第 7 页。

第二篇·民族复兴强化使命担当

理，面向实际、深入实践，严谨务实、苦干实干，在真刀真枪的实干中成就一番事业；四是不断增进对人民群众的朴素感情，同人民一起梦想、同人民一道奋斗，为实现中国梦汇聚起磅礴伟力。

22
新时代青年如何向全世界展现可信、可爱、可敬的中国形象?

党的二十大报告提出:"加快构建中国话语和中国叙事体系,讲好中国故事、传播好中国声音,展现可信、可爱、可敬的中国形象。"增强中华文明传播力影响力,深化文明交流互鉴,推动中华文化更好走向世界,是建设社会主义文化强国的重要内容。"可信"展示的是中国的公信力,"可爱"展示的是中国的温润度,"可敬"展示的是中国的责任感,这些都是中华文明数千年沉淀下的文化特质。今天的中国正日益走近世界舞台中央,今天的中国青年已经成为平视世界的一代。更好让世界认识中国、让中国走向世界,是当代青年义不容辞的责任。面向未来,我们要加强交流互鉴、拓宽国际视野、增进人类关怀,以包容的态度看待世界,以开放的胸襟加强合作。要带头响应全球发展倡议、全球安全倡议、全球文明倡议,带头弘扬全人类共同价值,讲好中国故事、中国共产党故事、中国青年故事,向世界展示一个真实、开放、自信、负责任的中国,为推动构建人类命运共同体作贡献。

第三篇

青年工作奏响

时代强音

23
新时代党的青年工作怎样担当尽责？

　　做好新时代党的青年工作，必须以历史责任感使命感担起这个重大时代任务，必须始终高举习近平新时代中国特色社会主义思想伟大旗帜，切实加强各级党委对青年工作的领导，充分发挥共青团作为党的助手和后备军的重要作用。一要突出思想引导，着力提升青年工作的引领力。要坚定不移用习近平新时代中国特色社会主义思想武装青年，用中国特色社会主义事业的伟大成就教育青年，引导广大青年牢固树立共产主义远大理想和中国特色社会主义共同理想，自觉增强"四个意识"、坚定"四个自信"、做到"两个维护"。二要加强组织建设，着力提升青年工作的组织力。要大力推进基层组织创新和工作创新，进一步健全党领导下的以共青团为主导的青年组织体系。以加强共青团的基层建设为重点，更好发挥团组织战斗堡垒作用，增强共青团员对普通青年的影响力、感召力，努力建设一支思想纯洁、信仰坚定的共青团员队伍，源源不断为党输送新鲜血液。三要强化政策服务，着力提升青年工作的服务力。要建立健全党委领导、政府主责、共青团协调、各方齐抓共管青年事务的工作机制，针对青年在成长发展方面面临的现实困难和突出需求，持续加强政策倡导和政策协调，努力推动更多普惠性青年发展政策出台，真正做到青年有所呼、政策有所应。

24
新时代共青团怎样实现自我革命?

习近平总书记指出:"共青团只有勇于自我革命,才能跟上时代前进、青年发展、实践创新的步伐。"①对共青团寄予了"勇于自我革命,始终成为紧跟党走在时代前列的先进组织"的殷切希望。勇于自我革命是中国共产党区别于其他政党的显著标志,也是中国共产党百年奋斗的宝贵历史经验之一。作为党的助手和后备军,共青团要在自我革命中增强自我净化、自我完善、自我革新、自我提高能力,建设让党放心、青少年满意、社会发展所需、紧跟党走在时代前列的先进组织。第一,勇于自我革命,要坚持正确政治方向。以党的旗帜为旗帜、以党的意志为意志、以党的使命为使命,把坚持党的绝对领导深深融入血脉之中,永葆党的青年组织的政治本色。第二,勇于自我革命,要纵深推进团的改革。必须打破思维定式,敏于把握青年脉搏,直面社会变革

---

① 习近平:《在庆祝中国共产主义青年团成立 100 周年大会上的讲话》,人民出版社 2022 年版,第 10 页。

趋势，以"踏石留印、抓铁有痕"之势纵深推进共青团改革，对不适应、不符合新时代要求的管理模式、运行机制、工作方式等进行大胆改革创新，着力推进新时代共青团工作与青年发展形势相适应。第三，勇于自我革命，要推进全面从严治团。全面从严治团是共青团向党看齐、向党学习，不断推进自我革命的必然要求。要坚持问题导向、目标导向、结果导向，以改革创新精神和从严从实之风扎实推进全面从严治团。

★ 延伸阅读

总书记这样指导青年工作

2023 年 6 月 26 日，习近平总书记在中南海同团中央新一届领导班子成员集体谈话中对共青团提出要求："要顺应全面从严治党的要求，坚持问题导向，敢于刀刃向内，纵深推进团的改革，全面从严管团治团，坚定不移走好中国特色社会主义群团发展道路，不断保持和增强政治性、先进性、群众性，不断提高团组织的引领力、组织力、服务力。"

中国特色社会主义群团发展道路，是中国特色社会主义道路在群团工作领域的具体展开。

走好这条道路，要把握"六个坚持"的基本要求，即：坚持党对群团工作的统一领导，坚持发挥桥梁和纽带作用，坚持围绕中心、服务大局，坚持服务群众的工作生命线，坚持与时俱进、改革创新，坚持依法依章程独立自主开展工作。

新征程上，唯有勇于自我革命，不断深化改革，共青团才能跟上时代前进、青年发展、实践创新的步伐，永葆蓬勃生机和青春活力。

（资料来源：《总书记这样指导青年工作》，新华社《第一观察》334 期。稍有改动）

25
如何加强党对青少年和共青团工作的领导？

新时代的共青团要十分清醒地认识到自己是谁、是从哪里来的、要到哪里去，自觉从思想上政治上行动上全面铸牢坚持党的领导这一政治灵魂，永远做党的忠实助手和忠诚后备军。新时代共青团坚持党的领导就要做到：一要与党同心，始终坚决做到"两个维护"。维护习近平总书记党中央的核心、全党的核心地位，维护党中央权威和集中统一领导，是新时代坚持党的领导最关键、最具体的体现。二要为党育人，着力培养社会主义建设者和接班人。对于党赋予的首要任务，共青团应当拿出最大的精力去完成，这是坚持党的领导最直接的体现。三要跟党奋斗，在建设社会主义现代化强国的历史征程中充分发挥生力军和突击队作用。团结动员广大团员青年在党和国家最需要的地方冲锋在前、奋力拼搏，在最吃劲的领域为党担责、替党分忧，切实提高共青团工作的大局贡献度。四要向党看齐，以自我革命精神深化改革攻坚、全面从严治团。要扎实推进全面从严治团，抓住团干部这个关键和团员队伍这个基础，把组织生活严起来，把制度笼子扎起来，把纪律戒尺用起来，真正做到组织严密、纪律严明、作风严实。

26
怎样保持和增强群团组织的政治性、
先进性、群众性？

    党的群团工作是党通过群团组织开展的群众工作，是党组织动员广大人民群众为完成党的中心任务而奋斗的重要工作。一是切实保持和增强党的群团工作的政治性。群团组织要始终把自己置于党的领导之下，在思想上政治上行动上始终同党中央保持高度一致，自觉维护党中央权威，坚决贯彻党的意志和主张，严守政治纪律和政治规矩，经得住各种风浪考验，承担起引导群众听党话、跟党走的政治任务，把自己联系的群众最广泛最紧密地团结在党的周围。二是切实保持和增强群团组织的先进性。要以先进引领后进，以文明进步代替蒙昧落后，以真善美抑制假恶丑，教育引导广大人民群众不断提高思想觉悟和道德水平，坚定走中国特色社会主义道路，自觉践行社会主义核心价值观，真正成为党执政的坚实依靠力量、强大支持力量、深厚社会基础。三是切实保持和增强群团组织的群众性。要大力健全组织特别是基层组织，加快新领域新阶层组织建设。群团组织和群团干部特别是领导机关干部要深入基层、深入群众，争当全心全意为人民服务宗旨的忠实践行者、党的群众路线的坚定执行者、党的群众工作的行家里手。

★ 重要论述

党的群团工作是党通过群团组织开展的群众工作，是党组织动员广大人民群众为完成党的中心任务而奋斗的重要工作。这是我们党的一大创举，也是我们党的一大优势。

我们必须根据形势和任务发展变化，加强和改进党的群团工作，把工人阶级主力军、青年生力军、妇女半边天作用和人才第一资源作用充分发挥出来，把十三亿多人民的积极性充分调动起来。我们必须从巩固党执政的阶级基础和群众基础的政治高度，抓好党的群团工作，保证党始终同广大人民群众同呼吸、共命运、心连心。我们必须把群团组织建设得更加充满活力、更加坚强有力，使之成为推进国家治理体系和治理能力现代化的重要力量。

——摘自 2015 年 7 月 6 日习近平总书记在中央党的群团
工作会议上的讲话

27
新时代中国青年工作如何心系青年、心向青年？

习近平总书记提出："团的干部是做青年工作的，必须心系青年、心向青年。做团的工作必须牢记，任何时候都不能脱离青年，必须密切联系青年。如果不能深入广大青年，自说自话，自拉自唱，工作是很难做好的。"① 共青团要紧扣服务青年的工作生命线，巩固、发扬"遍布基层一线、深入青年身边"的最大优势，不断加强自身建设，让团组织永远在青年身边，成为广大青年信得过、靠得住、离不开的知心人。团干部要深深植根青年、充分依靠青年、一切为了青年，努力增强党对青年的凝聚力和青年对党的向心力，把党的温暖传下去、将青年声音收上来，让青年无事愿意来找组织谈心，有事愿意来找组织解决，充分发挥团组织作为"青年人自己的组织"的生动活力。

---

① 习近平：《论党的青年工作》，中央文献出版社 2022 年版，第 37 页。

28
新时代中国青年工作如何为党育人、为国育才？

一要用党的科学理论武装青年。要讲好用好新时代"大思政课"，坚持从政治上着眼、从思想上入手、从青年特点出发，教育引导广大青年坚定马克思主义信仰，让正史成为全党全社会特别是青年的共识，打牢广大青年团结奋进的共同思想基础。二要用坚强有力的组织团结青年。把青年团结、组织、动员起来，支持共青团按照群团工作特点和规律创造性地开展工作、围绕党的中心任务组织和教育广大青年，不断增强团的引领力、组织力、服务力，努力把最大多数青年紧紧凝聚在党的周围。三要用激励创新的制度振奋青年。要坚持科技是第一生产力、人才是第一资源、创新是第一动力，深化创新激励制度改革，形成支持全面创新的基础制度，营造适于大众创业、万众创新的制度环境和公平竞争的市场环境。要坚持青年优先发展理念，完善青年人才全链条培养制度，加大基础学科人才和重大原始创新人才培养力度，重视科学精神、创新能力、批判性思维的培养。四要用全方位的服务保障青年。习近平总书记指出："青年处于人生道路的起步阶段，在学习、工作、生活方面往往会遇到各种困难和苦恼，需要社会及时伸出援手。"[①] 因此，要深入推进户籍、教育、行业制度改革，着力优化关系青年成长的规划环境、教育环境、就业环境、居住环境、生活环境、健康环境，充分保障青年的受教育权、生命权、生存权、劳动权、居住权等发展权益。

★ 重要论述

办好思政课，最根本的是要全面贯彻党的教育方针，解决好培养什么人、怎样培养人、为谁培养人这个根本问题。新时代贯彻党的教育方针，要坚持马克思主义指导地位，贯彻新时代中国特色社会主义思想，坚持社会主义办学方向，落实立德树人的根本任务，坚持教育为人民服务、为中国共产党治国理政服务、为巩固和发展中国特色社会主义制度服务、为改革开放和社会主义现代化建设服务，扎根中国大地办教育，同生产劳动和社会实践相结合，加快推进教育现代化、建设教育强国、办好人

① 习近平：《论党的青年工作》，中央文献出版社 2022 年版，第 215 页。

民满意的教育，努力培养担当民族复兴大任的时代新人，培养德智体美劳全面发展的社会主义建设者和接班人。

——摘自 2019 年 3 月 18 日习近平总书记在学校思想

政治理论课教师座谈会上的讲话

29
什么是新时代共青团和青年工作的根本遵循?

党的十八大以来,习近平总书记高度重视青年和共青团工作,关心和指导共青团改革,深刻把握中国青年运动时代规律,系统回答党的青年工作战略课题,作出一系列重大论断,提出一系列重要要求,集中体现为习近平总书记关于青年工作的重要思想,为新时代共青团和青年工作指明了前进方向,擘画了发展蓝图,提供了根本遵循。

> **★ 重要论述**
>
> 党的十八大以后,党中央从党和国家事业发展全局出发,高度重视和大力推进青年工作,召开党的历史上第一次中央党的群团工作会议,出台新中国历史上第一个青年发展规划,部署共青团改革,推动青年工作取得历史性成就。
>
> 青年工作,抓住的是当下,传承的是根脉,面

向的是未来，攸关党和国家的前途命运。各级党委要关注关心青少年成长，为他们成长成才、施展才华创造良好条件。各级党委要拿出极大精力抓青年工作、抓共青团工作，切实尽到领导责任。

——摘自 2018 年 7 月 2 日习近平总书记在同团中央新一届领导班子集体谈话时的讲话

第三篇·青年工作奏响时代强音

30
什么是新时代青年工作的方向道路？

　　党的十八大以来，以习近平同志为核心的党中央站在确保党和人民事业薪火相传的战略高度，亲切关怀青年成长成才，为做好新时代青年工作指明了前进方向。习近平总书记清晰指明青年工作的方向道路，强调必须毫不动摇坚持党对青年工作的领导，坚持走中国特色社会主义群团发展道路；要求共青团始终把牢坚定不移跟党走、为党和人民奋斗的初心使命，把坚持党的领导深深融入血脉之中，推动中国青年运动沿着正确政治方向前行。

31
什么是新时代青年工作的根本任务？

当前，全党全国各族人民正在为全面建设社会主义现代化国家、全面推进中华民族伟大复兴而团结奋斗。这是党和国家工作大局，也是青年运动的时代主题。把青年工作作为战略性工作来抓，必须紧紧围绕这个大局和这个主题来进行，立足党的事业后继有人这一根本大计，把培养中国特色社会主义事业建设者和接班人作为根本任务，把巩固和扩大党执政的青年群众基础作为政治责任，把围绕中心、服务大局作为工作主线。对党员干部特别是领导干部而言，务须当好青年朋友的知心人、青年工作的热心人、青年群众的引路人，引导广大青年用青春书写无愧于时代、无愧于历史的华彩篇章。

32
什么是新时代中国青年运动的时代主题？

中国青年运动的主题和方向，始终是中国共产党关心的重大理论问题和现实问题。习近平总书记指出："新时代中国青年运动的主题，新时代中国青年运动的方向，新时代中国青年的使命，就是坚持中国共产党领导，同人民一道，为实现'两个一百年'奋斗目标、实现中华民族伟大复兴的中国梦而奋斗。"①这一集中概括指明了新时代中国青年运动同党、人民和民族之间内在关系，指明了中国青年运动的奋斗目标、工作思路和前进方向。

> **★ 重要论述**
>
> 　　未来属于青年，希望寄予青年。一百年前，一群新青年高举马克思主义思想火炬，在风雨如晦的中国苦苦探寻民族复兴的前途。一百年来，在中国

---

① 习近平：《论党的青年工作》，中央文献出版社 2022 年版，第 208—209 页。

共产党的旗帜下，一代代中国青年把青春奋斗融入党和人民事业，成为实现中华民族伟大复兴的先锋力量。新时代的中国青年要以实现中华民族伟大复兴为己任，增强做中国人的志气、骨气、底气，不负时代，不负韶华，不负党和人民的殷切期望。

——摘自 2021 年 7 月 1 日习近平总书记在庆祝中国共产党成立 100 周年大会上的讲话

第三篇·青年工作奏响时代强音

33
新时代青年工作的战略地位是什么？

党的二十大强调，"全党要把青年工作作为战略性工作来抓"。以党的战略性工作为尺子衡量青年工作，是以习近平同志为核心的党中央立足党的事业后继有人高度作出的一项重要决策。这凸显了青年工作对党的事业发展的关键性、全局性意义，关乎现代化建设人才支撑，为坚持战略思维、系统协同打造全方位引领青年的大格局提供了根本遵循。习近平总书记还指出："青年工作，抓住的是当下，传承的是根脉，面向的是未来，攸关党和国家的前途命运。"① 要让红色基因、革命薪火在青少年中代代传承；要求各级党委拿出极大精力抓青年工作、抓共青团工作；要求共青团着力推动党、团、队育人链条相衔接、相贯通，源源不断为党输送新鲜血液。

---

① 习近平：《论党的青年工作》，中央文献出版社 2022 年版，第 164 页。

新时代青年工作百问百答

全党要把青年工作作为战略性工作来抓，用党的科学理论武装青年，用党的初心使命感召青年，做青年朋友的知心人、青年工作的热心人、青年群众的引路人。

——摘自习近平总书记在中国共产党第二十次
全国代表大会上的报告

青年一代是党和军队的未来和希望，革命事业靠你们接续奋斗，优良传统靠你们继承发扬。你们要带头学传统、爱传统、讲传统，带动部队官兵传承好红色基因，保持老红军本色，把我党我军优良传统一茬茬、一代代传下去。

——摘自 2014 年 10 月 31 日习近平总书记
在接见参加全军政治工作会议基层代表时的谈话

34
什么是新时代青年工作的群众导向？

抓住青年工作的群众导向，就是突出服务青年的工作生命线，切实当好党联系青年最为牢固的桥梁纽带。习近平总书记要求共青团紧扣服务青年的工作生命线，做广大青年信得过、靠得住、离不开的贴心人，既把青年的温度如实告诉党，又把党的温暖充分传递给青年。新时代青年工作的群众导向，主要体现在解决青年发展急难愁盼问题：随着我国社会主要矛盾的深刻变化，青年日益增长的美好生活需要和不平衡不充分的发展之间的矛盾也在凸显。共青团要更加关注最广大的工农青年和普通青年群体的切身利益，充分发挥组织化动员和社会化倡导的优势，加强政策倡导推动，凝聚专业力量、运用科学方法，提升服务质量、扩大有效覆盖，努力为青年提供实实在在的帮助；要将解决青年思想问题和解决实际问题结合起来，把心紧紧同青年连在一起，把青年人的心紧紧同党贴在一起。

35
党的青年组织的目标定位是什么？

  党章规定："中国共产主义青年团是中国共产党领导的先进青年的群团组织，是广大青年在实践中学习中国特色社会主义和共产主义的学校，是党的助手和后备军。"党的青年组织的目标定位与职责使命主要有六个方面：一是开展青少年思想引导工作；二是组织青年服务经济社会发展；三是服务青少年成长发展；四是反映和维护青少年发展权益；五是开展青年统战工作；六是做好青少年外事工作。

36
新时代中国青年的时代风貌什么样？

　　习近平总书记清晰指明中国青年的时代风貌，强调中国发展要靠广大青年挺膺担当，希望青年一代不断增强做中国人的志气、骨气、底气；要求共青团员成为青年中的先进分子，走在热爱党、拥护党的前列，走在爱国报国的前列，走在服务人民、奉献社会的前列，带动广大青年一起前进。

37
中国青年工作者的价值追求是什么？

习近平总书记要求共青团干部对党忠诚、心系青年、担当实干、廉洁自律，做青年友，不做青年"官"，多为青年计，少为自己谋，让人迎面就能感受到年轻干部应有的清澈和纯粹。总体来看，中国青年工作者应秉持以下价值追求：一是提升引领水平，甘当青年成长的领航员。坚持学思用贯通、知信行统一，把习近平新时代中国特色社会主义思想转化为坚定理想、指导实践、推动工作的强大力量。二是立足青年工作，做好青年成长的示范员。青年工作者要坚持以德立身，培养深厚的家国情怀和社会责任感，全面提升自身知识面，树立终身学习理念，成为终身学习的示范者和楷模，利用自己的专业素养教会青年人如何提出问题、分析问题、解决问题。三是把握青年需求，力做青年成才的服务员。青年工作者要以欣赏和期待的目光看到一代代青年的普遍需求以及未来使命，切实为青年办实事，想青年之所想，急青年之所急，行青年之所盼，争做青年人成长中的"重要他人"和新时代的"大先生"。

38
新时代青年工作的根本是什么？

新时代青年工作的根本在于必须始终铸牢对党忠诚的政治灵魂。共青团是党领导的先进青年的群团组织，无论过去、现在还是将来，听党话、跟党走永远是我们这个组织安身立命的根本所在。要把党的领导全面、系统、整体贯穿团的各项工作和建设，确保党旗所指就是团旗所向内化于心、外化于行。要自觉维护党的领导、捍卫党的核心、执行党的决定，深刻领悟"两个确立"的决定性意义，不断增强"四个意识"、坚定"四个自信"、做到"两个维护"，一心向党爱党护党，始终在思想上政治上行动上同以习近平同志为核心的党中央保持高度一致。

39
新时代青年工作的聚力重点是什么?

　　新时代青年工作必须始终聚焦为党育人的主责主业。培养社会主义建设者和接班人,是党对共青团工作最本质的要求,也是共青团组织最重要的价值。要把牢政治组织的根本定位和政治工作的根本逻辑,坚定不移推动一切工作项目、工作资源、工作力量向主责主业聚焦,把政治功能发挥、政治价值实现作为衡量各项工作的最终标准,让团的引领力、组织力、服务力最终转化为为党育人的实际效果。要高扬理想信念旗帜,发挥政治学校作用,坚持不懈用党的创新理论培养一批又一批新时代好青年,确保党的事业薪火相传、后继有人。

40
新时代青年工作的行动方向是什么？

强国建设、民族复兴是新征程上党的中心任务，也是共青团为党尽责、彰显价值的行动方向。要牢牢把握中国青年运动的时代主题，传承弘扬永久奋斗的优良传统，以全体中国人民的共同梦想凝聚青年意志，在推进中国式现代化的宏阔进程中动员青年建功，团结带领新时代青年为实现中国梦贡献青春力量。要自觉在大局下思考和行动，主动为党扛事分忧，只要党有需要有号召，共青团就必须不讲条件、不计得失地担苦、担难、担重、担险，干成干好、冲锋在前。

41
新时代青年工作的组织要求是什么？

　　新时代青年工作必须始终巩固与党同心的青年基础。把组织根基牢牢扎在青年之中，是共青团永葆青春的活力之源；把最广大青年群众紧紧团结凝聚在党的周围，是共青团义不容辞的政治责任。要坚持人民至上，牢固树立以青年为本的工作理念，走好党的群众路线，不断扩大组织和工作的有效覆盖，敏锐感知青年、密切联系青年、竭诚服务青年，让共青团真正活跃在青年身边。要充分依托党赋予的资源和渠道，从帮助青年解决现实困难出发，落脚到让青年感受党的温暖、坚定不移跟党走，切实当好党联系青年的桥梁纽带。

42
新时代青年工作的思想培塑重点是什么？

　　新时代青年工作必须始终激发许党争先的精神气质。共青团要引领青年思想、塑造青年精神，首先必须自身理想远大、精神强健。要展现蓬勃朝气和昂扬锐气，坚守对共产主义的信仰、对中国特色社会主义的信念，自觉追求先进，坚决反对落后，充分发挥先锋模范作用，引领亿万青年跟党前进。要发扬斗争精神、增强斗争本领，做好在复杂严峻环境下开展青年工作的精神准备，更加主动地紧跟党投身新时代的伟大斗争。

43
新时代青年工作的发展要求是什么？

新时代青年工作必须始终保持向党看齐的革命自觉。勇于自我革命，是马克思主义青年组织永葆生机活力的必然选择，也是全面从严治党对共青团提出的重要要求。要紧跟国家治理体系和治理能力现代化步伐，因应时代发展和青年变化，敢于冲破思维定式，善于克服顽瘴痼疾，不断将团的改革引向深入。要毫不动摇把严的基调贯穿管团治团全过程各方面，坚持臻于至善的高标准，突出敢战能胜的硬约束，让全团在革命性锻造中日益焕发昂扬向上的时代风貌。

44
加强青年思想政治引领的要旨是什么？

习近平总书记在同团中央新一届领导班子成员集体谈话时指出，要着力加强对广大青年的政治引领。这一重要要求，站在党的事业薪火相传、中华民族永续发展的战略高度，延续党的领袖一以贯之的重视关切，立足共青团百年征程塑造的政治之魂，着眼新时代中国青年健康成长的现实需要，深刻阐明了共青团为党培养社会主义建设者和接班人这一根本任务。从这一角度看，筑牢广大青年坚定不移听党话、跟党走的信仰之基，是共青团的首要职责。必须坚持全团抓思想政治引领，紧紧围绕培养社会主义建设者和接班人这个根本任务，深刻认识青年思想意识形成规律，准确把握青年政治认同基本逻辑，充分发挥共青团实践育人特色，坚持全领域发展、全流程参与、全战线统筹、全形态展现，着力实现思想政治引领工作从影响广泛到引领有力的全面提升。

着力加强对广大青年政治引领

习近平总书记指出，共青团要把加强对广大团员和青年的政治引领摆在首位，努力培养社会主义建设者和接班人，源源不断为党输送健康有活力的新鲜血液。党章规定，中国共产主义青年团是中国共产党领导的先进青年的群团组织，是广大青年在实践中学习中国特色社会主义和共产主义的学校。我们党之所以用"共产主义"为团命名，就是希望自己的青年组织永远站在理想信念的高地上，引导广大青年树立共产主义远大理想，坚定中国特色社会主义共同理想，坚定听党话、跟党走的政治信念。要从政治上着眼，立足党的事业后继有人这一根本大计，面向广大团员和青年开展主题教育，着力用习近平新时代中国特色社会主义思想凝心铸魂，推动党的创新理论入脑入心入魂，引导青年一代不断深化对"两个确立"的政治认同、思想认同、理论认同、情感认同，更加坚决做到"两个维护"。要从思想上入手，聆听青年心声，感知青年脉搏，着力帮助青年解开理想和现实、主义和问题、利己和利他、小我和大我、民族和世界等方面遇到的思想困惑，引导广大青年在思想洗礼、实践锻造中不断增强做中国人的志气、骨气、底气。要从青年特点出发，善于用"青言青语"同青年交流，用青年听得懂、听得进、喜欢听的方式阐述党的主张，帮助他们厚植对党的信赖、对中国特色社会主义的信心、对马克思主义的信仰，争做有理想、敢担当、能吃苦、肯奋斗的新时代好青年，让红色基因、革命薪火代代相传。

（资料来源：《把牢新时代青年工作的主题》，求是网 2023 年 7 月 24 日）

45
加强青年思想政治引领主要从哪些方面用力？

一是坚持不懈用习近平新时代中国特色社会主义思想武装青年。要努力提高理论学习质量，坚持组织化教育、青年化阐释、分众化引领、网络化传播，提升"青年大学习"影响力，发挥团内组织生活互相启发提升作用，帮助青年掌握习近平新时代中国特色社会主义思想的精神实质、丰富内涵、实践要求和贯穿其中的立场观点方法，深刻领悟"两个确立"的决定性意义，坚决做到"两个维护"。二是广泛开展成就教育和形势政策教育。深化成就教育，引导青年深刻认识新时代伟大变革的里程碑意义，深刻感悟党的领导、领袖领航、制度优势、人民力量的关键作用，不断坚定"四个自信"，自觉投身强国伟业。三是着力加强青少年精神素养培育。弘扬以伟大建党精神为源头的中国共产党人精神谱系，深化爱国主义、集体主义、社会主义教育，充分发挥社会主义先进文化、革命文化、中华优秀传统文化的涵育功能，引导青少年培育和践行社会主义核心价值观，明大德、守公德、严私德，充分展现向上向善的精神风貌。四是健全完善党、团、队一体化育人链条。要一体化设计共青团、少先队组织教育基本内容，加强与学校思政课配合衔接，着力构建共青团员、少先队员阶梯式成长激励体系，使青少年在常态化、接力式的团、队组织生活中接受红色教育、赓续红色血脉。

★ 重要论述

中国共产党是先锋队，共青团是突击队，少先队是预备队。入队、入团、入党，是青年追求政治进步的"人生三部曲"。

——摘自习近平总书记在庆祝中国共产主义青年团成立100周年大会上的讲话

★ 延伸阅读

青年思想政治引领成效显著

党的十八大以来，各级共青团组织坚持用习近平新时代中国特色社会主义思想武装青年、用中国特色社会主义事业的伟大成就教育青年、用社会主义核心价值观塑造青年，青年思想政治引领取得显著成效，青年一代更加积极向上，更加爱党爱国、向上向善。

各级共青团组织坚持把学懂弄通做实习近平新时代中国特色社会主义思想作为首要政治任务，推动青年理论武装常态化、体系化、制度化，引导广大青年学而信、学而用、学而行。

2018年8月，团中央正式启动"青年大学习"网上主题团课，采用青年中流行的短视频＋互动问答形式，解读习近平新时代中国特色社会主义思想。近5年来，除了寒暑假外的每个周一，"青年大学习"网上主题团课总会和广大青年相见。截至目前，"青年大学习"网上主题团课共推出176期，累计吸引超70.96亿人次青年参与。

在深化"青年大学习"行动过程中，各级团组织坚持"导学、讲学、研学、比学、践学、督学"相结合，开展专题培训、交流研讨、专题讲座、实地参观实践等各类活动。

推进"青年讲师团"计划，是共青团开展青年思想政治引领的一项有力举措。一次次生动鲜活的宣讲，让党的声音最广泛地直达青年。活动开展以来，全团组织 2.1 万余名各级讲师团成员常态化深入企业、农村、机关、校园、社区等，面向团员青少年开展分众化、互动式、面对面宣讲活动，着力打造青年理论武装的"青骑兵"。

在加强国情形势教育方面，各级团组织准确生动传播党的路线方针政策、解读国情形势，推动党和国家大政方针在青少年中广为传播和广泛认同。积极开展国情形势报告会、论坛讲坛、座谈研讨、青年公开课等活动，宣传解读各领域青年政策，研究解答青年发展问题。

2023 年 4 月，新一批全国"青年马克思主义者培养工程"学员齐聚北京，开启了"点点星火、汇聚成炬"的征程。5 年来，共青团将"青马工程"作为履行根本任务和政治责任的重要载体，为党培养信仰坚定、能力突出、素质优良、作风过硬的青年政治骨干，累计培养学员超过 200 万人。

（资料来源：《以奋斗姿态激扬青春——新时代党的青年工作成就综述》，《人民日报》2023 年 6 月 18 日）

46
如何努力提高青年理论学习质量？

　　习近平总书记深刻指出："理论修养是干部综合素质的核心"，"掌握马克思主义理论的深度，决定着政治敏感的程度、思维视野的广度、思想境界的高度"。① 加强理论武装是青年加强政治历练的基础任务，在青年成长中发挥着指引航向、固本培元的作用。第一，在深化学习内容上体现高质量。要自觉把学懂弄通做实习近平新时代中国特色社会主义思想作为终身必修课，舍得下功夫读原著、学原文、悟原理，深研精钻、学思践悟，深刻领会蕴含其中的真谛要义和思想精华。第二，在创新学习方法上体现高质量。要继续运用青年理论学习小组的好形式好做法，广泛利用"三微一端"等新媒体、新渠道，实现理论学习线上线下同频共振，加以总结推广，加强互动交流，推动青年理

---

① 中共中央党史和文献研究院编：《习近平关于社会主义精神文明建设论述摘编》，中央文献出版社 2022 年版，第 42—43 页。

论学习小组跨部门、跨单位开展主题联学。第三，在推进工作实效上体现高质量。要坚持学中干、干中学，立足本职岗位建功立业，真正使习近平新时代中国特色社会主义思想焕发实践魅力。

47
怎样加强青年宣传思想产品的推广入心？

  加强青年宣传思想产品推广入心要注重抓好四个方面的任务：一是不断做强正面宣传。讲清楚党和国家事业取得的历史性成就以及成就背后的政治逻辑和理论逻辑，讲清楚我国仍处于并将长期处于社会主义初级阶段的基本国情，讲清楚我们党秉持以人民为中心的发展理念出台的各领域政策。二是深化共青团宣传思想产品化战略。充分发挥青年讲师团作用，将党的科学理论的大体系、大道理转化为青年易于理解、便于接受的微元素、小故事，引导青年更加深入地理解理论背后的价值追求和情感温度。三是巩固拓展传播矩阵。继续布广织密传播渠道，巩固好已有阵地，密切关注新兴的新媒体平台，适时进驻青年聚集的新阵地，坚持优质内容与时尚形式相统一，持续推进宣传思想产品化战略。四是持续做好精准化宣传。就是要借助现代网络技术的力量和团的基层组织的优势，更好地实现"一把钥匙开一把锁"，进行"千人千面"的推送。注重突出工作成效的可描述、可度量、可考核，推动宣传思想文化工作项目化实施。善于把真正的重点工作打造成项目化的形态，有具体有形的方案设计、科学合理的执行步骤、可量化的评价办法。

★ 相关知识

共青团宣传思想产品化战略

　　共青团宣传思想产品化战略是共青团为适应网络传播可视化趋势，自 2016 年起在全团推行的大规模原创制作图文、视频等产品的工作项目。该项目自实施以来，共青团网络新媒体工作树立了"寓引导于产品"的理念，将原创产品制作摆在宣传思想工作的重要位置，依托团属媒体、新媒体中心兴起了共青团网络文化产品的创作高潮，为青年思想引领工作提供了丰富内容。

48
如何在广大青年群体中更好传播党的创新理论？

　　习近平总书记在不同场合强调，要加强传播手段和话语方式创新，让党的创新理论"飞入寻常百姓家"。这些重要论述为在广大青年群体中开展有针对性和实效性的理论宣讲指明了前进方向，是提升理论宣讲时代感和吸引力的根本遵循。一是设好线路。需要积极主动作为，汲取更多养分，多讲中国共产党的故事、党的光荣传统和优良作风，引领和带动更多青年学生把党的历史学习好、继承好、发扬好。二是讲好故事。要始终面向人民群众，深入广大青年，坚持让最优秀的青年讲最精彩的故事，充分展示思想的锐度、青春的活力和专业的精神。三是建好队伍。培养大批能够讲好马克思主义中国化理论的青年人才，通过青年视野、青年思维、青年话语，用优秀人才宣讲先进理论，用先进理论涵养卓越人才。

49
如何广泛开展成就教育？

深化成就教育是青年了解体悟伟大征程、伟大成就、伟大梦想的关键一招。广泛开展成就教育，就是要引导青年深刻认识新时代伟大变革的里程碑意义，深刻感悟党的领导、领袖领航、制度优势、人民力量的关键作用，不断坚定"四个自信"，自觉投身强国伟业。坚持常态化开展党史学习教育，发挥青少年革命传统教育基地作用，引导青年从党的百年奋斗历程中加深对"十条历史经验""五个必由之路"的理解与认识，切实增强对党的政治认同、思想认同、理论认同、情感认同。

50
怎样做好青年群体的形势政策教育？

　　形势政策教育的出发点和落脚点在于，切实提升面向青年开展政策宣传解读的意识和能力，促进广大青年群体的国情世情认知，帮助青年充分理解党的政策背后蕴含的思想主张、为民宗旨，不断增强党对青年的凝聚力和青年对党的向心力。深入开展基本国情和形势政策教育，需要采取多种形式、运用多样平台，要展示好、宣传好新中国波澜壮阔的发展历程、感天动地的辉煌成就、弥足珍贵的经验启示。一是引导青年人放眼看世界，正确认识当今时代潮流和国际大势，了解世界正经历百年未有之大变局，我国仍处于发展的重要战略机遇期，清醒认识国际国内形势发展变化，激励全党全国各族人民更加紧密地团结在党中央周围，高举中国特色社会主义伟大旗帜。二是紧密结合党的十八大以来党和国家事业的历史性成就、历史性变革，结合全国各地决胜全面建成小康社会、决战脱贫攻坚的生动实践，结合人民群众生活质量和发展水平的提高，系统阐释新时代坚持和发展中国特色社会主义的基本理论、基本路线、基本方略，更好用中国理论解读中国实践，引导青年人牢牢把握社会主义初级阶段这个最大国情，牢牢立足社会主义初级阶段这个最大实际，科学把握我国社会主义初级阶段不断变化的特点。三是积极开展正在进行的波澜壮阔伟大实践的宣传教育，开展 2035 年远景目标的宣传教育，做到改革推进到哪一步，思想政治工作就跟进到哪一步，引导青年人争当改革促进派，不断把新时代改革开放继续推向前进。

51
从哪些方面加强青少年精神素养培育？

加强青少年精神素养培育是新时代青年工作的主要责任之一，具体要从三个方面着力：一是弘扬以伟大建党精神为源头的中国共产党人精神谱系。深化爱国主义、集体主义、社会主义教育，充分发挥社会主义先进文化、革命文化、中华优秀传统文化的涵育功能，推动净化青少年成长环境，旗帜鲜明弘扬真善美、批判假恶丑，引导青少年培育和践行社会主义核心价值观，明大德、守公德、严私德，充分展现向上向善的精神风貌。二是广泛开展"艰苦奋斗 强我中华"主题活动，充分发挥五四奖章、"两红两优"等青年典型示范引领作用，引导青少年感悟劳动创造财富、奋斗成就人生、奉献彰显价值，自觉抵制惰气、暮气、邪气，始终充盈青春应有的蓬勃朝气与奋斗精神。三是全面加强国防教育和国家安全教育，深化军地团组织共建共育长效机制，擦亮少年军校、少年警校活动品牌，引导广大青少年在敢于斗争、善于斗争中经风雨、见世面、壮筋骨、长才干。

军地团组织共建共育

军地团组织共建共育是共青团中央与中央军委政治工作部自 2015 年起联合开展的青少年社会主义核心价值观培育工作项目。该项目通过百个军队英模单位和百所地方高校结对共建、每年开展军地典型走基层故事分享等形式，充分发挥军地双方在思想引领中的特色优势，综合运用参观走访、联谊交流、实践体验等载体，共同培育军地青少年社会主义核心价值观。

青年一代的理想信念、精神状态、综合素质，是一个国家发展活力的重要体现，也是一个国家核心竞争力的重要因素。坚持和发展中国特色社会主义，实现中华民族伟大复兴，需要一代又一代有理想、有知识、有道德、有担当的青年为之奋斗。这方面，党和人民对广大青年寄予厚望，正所谓"人事有代谢，往来成古今"。中国的未来属于青年，中华民族的未来也属于青年。

——摘自 2017 年 5 月 3 日习近平总书记在中国政法大学

座谈会上的讲话

第三篇·青年工作奏响时代强音

52
加强青年工作需要健全完善怎样的育人链条？

　　培养人、教育人、激励人是新时代青年工作的重中之重，这需要健全完善党、团、队一体化育人链条，全流程、全纵深、全方位为党育人、为国育才。一是要一体化设计共青团、少先队组织教育基本内容，加强与学校思政课配合衔接，着力构建共青团员、少先队员阶梯式成长激励体系，使青少年在常态化、接力式的团、队组织生活中接受红色教育、赓续红色血脉。二是规范和加强少先队推优入团、共青团推优入党工作机制，规范推优程序，畅通推优渠道，不断提高团、队组织接续培养质量，源源不断为党输送新鲜血液。三是深化推进新时代青年马克思主义者培养工程，为党塑造具有忠诚政治品格、浓厚家国情怀、扎实理论功底、突出能力素质，忠恕任事、人品服众的青年政治骨干。

第四篇

强国建设迸发
青春力量

53
推进中国式现代化进程中新时代青年工作的聚力重点是什么？

　　党的二十大擘画了全面建设社会主义现代化国家、以中国式现代化全面推进中华民族伟大复兴的宏伟蓝图，明确了新时代新征程党和国家事业发展的目标任务。把这一宏伟蓝图变为现实，要靠广大青年挺膺担当，需要各行各业青年勇挑重担、冲锋在前。新时代青年工作要牢牢把握围绕中心、服务大局的工作主线，胸怀"国之大者"，找准工作切入点、结合点、着力点，组织动员广大青年矢志建功立业，争当伟大理想的追梦人，争做伟大事业的生力军。

★ 重要论述

　　全面建成小康社会，广大青年是生力军和突击队。希望我国广大青年充分展现自己的抱负和激情，胸怀理想、锤炼品格，脚踏实地、艰苦奋斗，不断书写奉献青春的时代篇章。

　　实现中华民族伟大复兴的中国梦，需要一代又一代有志青年接续奋斗。青年人朝气蓬勃，是全社会最富有活力、最具有创造性的群体。党和人民对广大青年寄予厚望。

　　——摘自 2016 年 4 月 26 日习近平总书记在知识分子、
　　　　劳动模范、青年代表座谈会上的讲话

54
从哪几个方面组织青年争当中国式现代化建设的生力军？

共青团作为党的助手和后备军，必须紧紧围绕党的二十大确定新时代新征程党的中心任务来开展工作，把住方向，奋发有为。一是培养堪当时代重任的青年人才。鼓励和培养青年人堪当时代重任，主动啃硬骨头、挑重担子、做棘手事，在无私奉献中无悔付出，在忘我拼搏中成就"大我"。二是激发推进高质量发展的青春动能。助力青年的创造活力竞相迸发、青年的聪明才智充分涌流，使新时代青年开拓进取、锐意创新，敢于到前沿领域创新创造，实现新突破，取得新成果。三是展现发展全过程人民民主的青春热情。坚持青年主体地位，凝聚青年力量和智慧，将青年的利益代表好、实现好、保障好，解决青年最想解决的问题，实现青年发展，推进全过程人民民主高质量发展。四是奏响繁荣社会主义文化的青春旋律。引导广大青年认清肩负的文化使命，展现更大的作为担当，发挥引领社会文化风气之先的作用，坚持在继承中转化、在学习中超越、在交流中发扬，推动新时代文化建设展现新的气象，建设社会主义文化强国。五是汇聚社会治理创新的青春活力。增强新时代中国青年社会治理主体地位，使其始终站在时代前沿，响应党和国家号召，投身社会主义现代化建设，建设人人有责、人人尽责、人人享有的社会治理共同体，充分参与并发挥不可或缺的重要作用。六是投身美丽中国建设的青春行动。在建设美丽中国的伟大实践中，激发广大青年的广泛参与和努力奋斗，奉献智慧和力量，以青春之我，建设美丽中国。

55
如何培养堪当时代重任的青年人才？

当前，我们比历史上任何时期都更加接近实现中华民族伟大复兴的宏伟目标，我们也比历史上任何时期都更加渴求人才。青年人才是国家战略人才力量的源头活水。要始终突出政治引领，坚持德才兼备、又红又专，深入实施新时代青年人才培养行动。瞄准国家现代化建设的战略方向和迫切需求，遵循青年人才成长规律，助力科技、技能、经营管理、乡村振兴、文化、公益等领域青年人才更好更快成长。紧紧抓住青年人才发现、使用、举荐、激励等关键环节，不断优化服务机制，搭建展示舞台，为青年人才成长赋能，着力促进各领域青年人才脱颖而出、竞展才华。

★ 延伸阅读

青年人才培养成效显著

2022 年 6 月，《共青团做好新时代青年人才培养工作的行动计划》（以下简称《计划》）正式印发，构建了以青年政治人才培养为核心，统筹加强青年科技人才、青年技能人才、青年经营管理人才、乡村振兴青年人才、青年公益人才培养的"1+5"工作格局，这标志着未来一段时期，共青团紧密围绕党的人才工作大局，抓好后继有人这个根本大计，广泛凝聚培养青年人才，做好党的青年人才工作有了更加明确的行动指南。

《计划》发布以来，团中央本级制定各类人才相关政策文件和工作指引17份，推动建设骨干人才库14个，直接联系青年人才7000余人，创新打造"青马学员说""青科讲堂""青耘中国""青年发展说"等一系列青年喜闻乐见的新品牌。

5年来，共青团组织启动实施大学生乡村创业帮扶计划，面向毕业2年内的大学生，每年提供不少于6000万元的资金支持；搭建交流成长平台，举办"创青春"中国青年创新创业大赛、"挑战杯"中国大学生创业计划竞赛等，后者仅2022年就有来自3000多所高校的142.4万名学生推报33万个创业计划项目。

（资料来源:《以奋斗姿态激扬青春——新时代党的青年工作成就综述》,《人民日报》2023年6月18日）

56
如何激发推进高质量发展的青春动能？

进一步增强高质量发展的青春动能，要以重大工程为牵引、具体工作为抓手，深入激发向前向上的青春引擎。要持续深化新时代青年岗位建功行动，丰富拓展"队、号、手、岗、赛"等品牌项目时代内涵，强化政策保障、阵地依托、资金扶持、项目示范、典型选树，引领广大青年在贯彻新发展理念、构建新发展格局中带头攻坚克难、创先争优。深入开展"小平科技创新实验室"、少年科学院、青年科学家进校园等科技实践活动，发挥中国青少年科技创新奖引领作用，培养青少年科学素质；以"挑战杯""创青春"等品牌活动为牵动，通过组织青年科技成果直通车、揭榜挂帅架设产学研合作桥梁，鼓励青年争当青创先锋，踊跃投身科技自立自强和创新创业浪潮。深化实施乡村振兴青春建功行动，持续开展共青团参与易地扶贫搬迁安置社区治理工作，积极推进共青团定点帮扶和东西部团组织结对帮扶工作，着力动员青年以多种方式参与和支持乡村发展。完善共青团对口支援西藏、新疆工作格局，助力民族地区加快发展。

"队、号、手、岗、赛"

　　"队、号、手、岗、赛"指共青团服务青年职业发展和岗位建功的青年突击队、青年文明号、青年岗位能手、青年安全生产示范岗和"振兴杯"全国青年职业技能大赛等"青"字号品牌项目。青年突击队旨在组织动员广大团员青年在"急难险重新"任务中勇挑重担、冲锋在前，充分彰显青春担当；青年文明号主要面向政务服务、商业服务、社会服务等"窗口"行业一线青年集体开展，旨在弘扬职业文明、引导岗位建功、建设先进集体、培育青年人才；青年岗位能手旨在通过岗位练兵、导师带徒、技能比武等方式，选树和宣传先进青年典型，为党发现、培养、凝聚青年人才；青年安全生产示范岗是以"安全生产　青年当先"为主题、保障安全生产为目的的群众性实践活动，旨在激励引导青年在安全生产工作中充分发挥生力军作用；"振兴杯"全国青年职业技能大赛是共青团中央联合人力资源和社会保障部举办的国家一类大赛，以企业青年职工和职业院校学生为参赛主体，旨在为青年提升职业技能水平和创新创效能力搭建平台。

★ 重要论述

　　未来总是属于年青人的。拥有一大批创新型青年人才，是国家创新活力之所在，也是科技发展希望之所在。"我劝天公重抖擞，不拘一格降人才。"广大院士不仅要做科技创新的开拓者，更要做提携后学的领路人。希望广大院士肩负起培养青年科技人才的责任，甘为人梯，言传身教，慧眼识才，不断发现、培养、举荐人才，为拔尖创新人才脱颖而出铺路搭桥。广大青年科技人才要树立科学精神、培养创新思维、挖掘创新潜能、提高创新能力，在继承前人的基础上不断超越。

　　——摘自2014年6月9日习近平总书记在中国科学院第十七次院士大会、中国工程院第十二次院士大会上的讲话

新时代青年工作百问百答

57
如何展现发展全过程人民民主的青春热情？

党的二十大报告指出，全过程人民民主是社会主义民主政治的本质属性，是最广泛、最真实、最管用的民主。青年是民主政治发展、社会生活变迁中最活跃的因素，青年群体的社会参与是中国式现代化发展的重要组成部分。要正确引导青年政治参与热情，把关心切身利益与关心人民整体利益、国家民族长远利益结合起来，畅通有序参与渠道，提高表达质量。增强"共青团与人大代表、政协委员面对面"活动效能，深入调查研究、倾听青年声音，用好各级两会制度化渠道，有效代表和反映青年普遍性诉求，着力提升青年政治参与获得感。深化青少年模拟政协提案征集活动，用好"青年汇智团"等实践体验载体，提升青少年政治参与能力，播撒制度自信的种子。组织青年有序参与基层民主实践。深入开展法治宣传教育，引导青少年尊法、学法、守法、用法。

"共青团与人大代表、政协委员面对面"

"共青团与人大代表、政协委员面对面"是共青团依托人大、政协的政治参与渠道,有效履行代言职能、制度化反映青少年诉求的重要载体。活动自2008年以来已举办了16年,全团每年围绕统一主题,通过深入倾听、调研、协商,凝聚各级人大代表、政协委员合力,共同为青少年领域重点问题鼓与呼,推动解决青年急难愁盼问题。在此基础上,深化与人大、政协机关的机制化联系,积极参与人大、政协各类协商活动,在涉及青少年相关法律法规和政策制定过程中,代表青少年提出意见建议。截至2022年,各级团组织开展活动超过4万场,推动各级人大代表、政协委员提出青少年相关的议案、建议、提案超过10万件。

"青年汇智团"

"青年汇智团"是由共青团上海市委于2015年

最先发起开展的，旨在拓宽青年民主协商和建言资政渠道，引导青年有序政治参与的品牌项目，目前已被多地借鉴推广。"青年汇智团"发现、培养和凝聚了一大批关心社会事务、积极建言献策、乐于议事惠民的"青年智库"，通过汇智讲堂、汇智培训、汇智探访、汇智调研、汇智提案、汇智评议等，引导青年围绕青年发展规划制定实施、城市发展和社会治理等贡献青春智慧，提高青年参与全过程人民民主实践的体验感和获得感。

58
如何奏响繁荣社会主义文化的青春旋律？

　　青年中蕴藏着文化创新创造、文明传承传播的巨大潜能和生机活力。奏响繁荣社会主义文化的青春旋律，要广泛开展群众性青年文化活动，实施"书香青春"全国青少年新时代悦读计划，持续深化国风音乐节、中国华服日等活动，引领广大青年传承和弘扬中华优秀传统文化，提高科学文化素质，打牢深厚持久的文化自信，助力建设中华民族现代文明。加强与各级各类文化单位、机构、团体合作，加大主题出版力度，帮助青少年开展文化鉴赏、艺术培训、文化体验、作品推广，为青年创造文化新企业、发展文化新业态、引领文化新消费搭建平台、提供条件。持续深化团属新媒体矩阵建设，继续办好"网络青晚"，用心创作动漫、微电影、短视频等青少年喜闻乐见的网络文化产品，不断丰富青少年网络精神文化生活，共同构建清朗网络空间。

　　我们要本着对社会负责、对人民负责的态度，依法加强网络空间治理，加强网络内容建设，做强网上正面宣传，培育积极健康、向上向善的网络文化，用社会主义核心价值观和人类优秀文明成果滋养人心、滋养社会，做到正能量充沛、主旋律高昂，为广大网民特别是青少年营造一个风清气正的网络空间。

　　——摘自 2016 年 4 月 19 日习近平总书记在网络安全和信息化工作座谈会上的讲话

59
如何汇聚社会治理创新的青春活力?

　　党的十九届四中全会、五中全会强调,要发挥群团组织和社会组织在社会治理中的重要作用,畅通志愿者等参与社会治理的途径。新时代中国青年以更加自信的态度、更加主动的精神,适应社会、融入社会,参与社会发展进程,展现出积极的社会参与意识和能力,成为基层社会治理的重要力量。在参与社会建设的同时,不断坚定理想信念、厚植家国情怀、提升国情认知、培养与人民群众的真挚情感。汇聚社会治理创新的青春活力,要深化中国青年志愿者行动,优化实施重点项目,健全完善制度和工作体系,活跃基层青年志愿者组织,大力弘扬奉献、友爱、互助、进步的志愿精神。深入实施社区青春行动,协同发挥青年社会组织、青少年事务社工等社会力量作用,广泛动员青少年服务身边群众、建设温暖社区,参与公共事务、建设活力社区,美化公共环境、建设美丽社区,关爱重点群体、建设和谐社区。建立健全共青团应急响应机制,强化青年突击队、青年志愿者组织应急响应能力,在急难险重任务中闻令而动、积极作为。

60
如何投身美丽中国建设的青春行动?

深入学习贯彻习近平生态文明思想,围绕统筹推进"五位一体"总体布局,着眼新时代生态文明建设总体要求,聚焦生态文明教育、绿色生活实践、生态环境保护等重点领域,健全组织化、社会化、网络化动员机制,将广泛动员参与和重点项目实施相结合,扩大工作覆盖面和影响力,让习近平生态文明思想在青少年中深入普及,青少年生态文明素养不断提升,绿色生活方式成为青春时尚,组织青少年踊跃参与生态文明实践和污染防治攻坚战,为建设美丽中国作出积极贡献。具体而言,投身美丽中国建设的青春行动,需要组织动员青少年积极践行绿色低碳的生产方式和生活方式,从绿色出行、节水节电、垃圾分类等身边小事做起,积极参与节能降碳技术研发和推广应用,让绿水青山就是金山银山的理念入脑入心。大力实施全国青少年粮食节约行动,引导青少年养成勤俭节约、反对浪费的良好习惯。深化保护母亲河行动,广泛动员青少年积极参与山水林田湖草沙的保护和治理,常态化开展植绿护绿、净滩护水、

"三减一节"等生态文明实践活动，展现建设美丽中国的青春担当。

"三减一节"

"三减一节"，即减霾、减塑、减排和资源节约。这是美丽中国青春行动的重要工作内容，旨在引导青少年增强节约意识和环保意识，发挥生态环保生力军作用。

61
如何竭诚服务青年成长发展？

    共青团要不断增强引领力、组织力、服务力，始终胸怀"两个大局"来谋划青年发展工作，促进青年高质量发展。一是着力推进实施中长期青年发展规划，促进青年全面可持续发展。要深入贯彻新发展理念，进一步扩大青年发展规划工作机制的覆盖面和影响力，积极推动各地在思想文化、教育、卫生健康、就业创业、社会融入和社会参与、人口和家庭、社会保障等各领域争取出台更多标志性、普惠性政策成果。二是着力解决青年发展急难愁盼问题，把党的温暖充分传递给青年。要更加关注最广大的工农青年和普通青年群体的切身利益，充分发挥组织化动员和社会化倡导的优势，加强政策倡导推动，凝聚专业力量、运用科学方法，提升服务质量、扩大有效覆盖，努力为青年提供实实在在的帮助；要将解决青年思想问题和解决实际问题结合起来，把心紧紧同青年连在一起，把青年人的心紧紧同党贴在一起。三是着力组织动员青年自我奋斗，引导青年在实现中华民族伟大复兴中国梦的生动实践中成长成才成功。要以青春建功"十四五"行动为统揽，开展"挑战杯""创青春"大赛和青年科技人才支持行动等，激发青年投身科技强国建设和创新驱动发展战略的热情；开展青年就业精准帮扶工作，帮助青年克服困难顺利就业；培养创新型、应用型、技能型青年人才，助力新发展阶段经济社会高质量发展；培养凝聚乡村产业发展和治理人才，开展"两助两帮"重点任务，鼓励青年积极投身乡村振兴。

★ 延伸阅读

青年发展政策落实落细

为切实把党的温暖充分传递给青年，各级党委和政府聚焦青年急难愁盼问题，制定出台一系列服务青年发展的具体政策举措，各级团组织联合相关职能部门加强政策倡导和政策宣传。据统计，《中长期青年发展规划（2016—2025年）》于2017年4月颁布实施后，党中央、国务院及相关部委出台的青年发展政策就超过240项，覆盖青年思想道德、教育、就业等十大领域。

全团齐心协力、千方百计为青年办实事、解难事。共青团深入开展就业帮扶，2019年以来，重点面向一般院校低收入家庭学生，提供全流程就业服务，累计帮助 35.99 万名学生找到工作；广东"青年安居计划"为高校毕业生缓解住房难题，累计筹集各类房源 1.2 万余套、服务青年超过 45 万人次；"阳光巴郎"青少年之家项目陆续在全新疆开展，民族团结教育、国家通用语言培训等项目累计服务青少年超过 700 万人次……

（资料来源：《以奋斗姿态激扬青春——新时代党的青年工作成就综述》，《人民日报》2023 年 6 月 18 日。标题为编者自拟，内容稍有改动）

第五篇

宏伟蓝图共绘
奋进史诗

62
统筹协调实施青年发展规划的具体内容是什么？

新时代，统筹协调实施青年发展规划具体包括以下五个方面：一是坚持党管青年原则。建立健全与经济社会发展规划相衔接的青年发展规划工作机制，更好发挥规划实施工作部际联席会议和地方各级青年工作联席会议作用，着力推动形成上下贯通、左右协同、齐心协力促进青年发展的工作合力。二是践行青年优先发展理念。聚焦青年在毕业求职、创新创业、社会融入、婚恋交友、老人赡养、子女教育等方面的操心事、烦心事，着力推动出台更多普惠性、标志性青年发展政策。三是扎实推进青年发展型城市建设。着力推动"城市对青年更友好，青年在城市更有为"融入城市发展理念，使青年发展规划更好落地生根。四是持续健全青年发展统计监测机制。研究设计青年发展指标体系，着力提升规划实施科学化、专业化水平。五是积极探索青年参与的评估机制。使青年满意度成为衡量规划实施成效的重要标准，做好新一轮中长期青年发展规划编制论证工作。

坚持党管青年原则

2017 年 4 月，中共中央、国务院颁布实施《中长期青年发展规划（2016—2025 年）》，首次明确提出"坚持党管青年原则"。这是习近平总书记亲自提议、亲自推动制定实施的第一个国家级青年发展专项规划，是对马克思主义青年观的丰富与发展，对中国青年运动实践探索的深刻总结。

63
为青年办实事、解难事的举措目标有哪些？

　　中国共产主义青年团第十九次全国代表大会报告中提出，深入分析青年分散化、多样化需求背后的普遍性、紧迫性诉求，大力创新服务理念、工作机制、技术手段，不断提升有限资源约束下服务青年的实效。报告系统布局了为青年办实事、解难事的举措目标：一是着力服务青年就业，抓住高校毕业生这一重点群体，扎实推进共青团促进大学生就业行动，深化拓展西部计划、扬帆计划、社区实践计划等，力争每年扶持 5 万名青年创业，帮助 10 万名以上一般院校低收入家庭毕业生找到工作，组织 100 万名大中专学生参与就业实习，提高社会化能力，树立正确择业观和奋斗观。二是着力服务青少年身心健康，倡导开展形式多样的群众性文体活动，动员专业力量帮助青少年缓解工作、学习、生活中面临的心理压力，涵养自信达观、积极向上的心理素质。三是着力助力青少年享有公平而有质量的教育，推动新时代希望工程提质升级，聚焦助学育人目标，以拓宽视野、提升素质、结对帮扶为重点，每年为 20 万名需要帮助的青少年提供新助力、播种新希望；发动中小学团、队组织协助做好学生课后服务，用好青少年宫等阵地，深化"红领巾学堂"、四点半课堂等项目，主动配合"双减"政策落实。四是着力服务青年婚育和家庭需求，组织开展形式多样、富有实效的联谊交友活动，加强婚恋观、生育观、家庭观引导，深化拓展养老托育志愿服务。五是着力服务农村留守儿童、进城务工青年随迁子女等重点群体，深入实施"童心港湾"等关爱项目，提供亲情陪伴、开展自护教育、消除安全风险，让他们感受党的温暖。

64
怎样切实维护青少年合法权益?

共青团是青年人自己的组织,必须为维护和实现青少年合法权益不懈努力,具体工作内容是:大力推动未成年人保护法、预防未成年人犯罪法等青少年相关法律法规落实,加快完善青年发展领域法律法规体系。深化维护青少年权益岗创建。高度关注青少年数字安全,切实维护青少年数字隐私、防止数字沉迷、弥合数字鸿沟。推进12355青少年服务台转型升级,创新服务方式、增强服务实效,努力让青少年在遇到困难时想得起、找得到、靠得住。认真落实侵害未成年人合法权益强制报告制度,主动响应、稳妥处置青少年权益热点事件。

★ 相关知识

12355 青少年服务台

12355青少年服务台是共青团面向青少年提供

心理、法律咨询援助和成长服务的实体化阵地。全国现有 122 家服务台，联系咨询师 5000 余人，线上开通 12355 电话咨询热线，线下涵盖自护教育、中高考减压、健康守护行动等项目，每年受益青少年千余万人次。依托服务台专业力量，"青听益站全国 12355 网络平台"（微信小程序）于 2023 年 5 月正式上线。

65
怎样巩固和扩大青年爱国统一战线？

实现海内外中华儿女大团结、汇聚同心共圆中国梦的强大合力，必须巩固和扩大青年爱国统一战线。要高扬爱国主义、社会主义旗帜，坚持大团结大联合，坚持一致性和多样性统一，把海内外中华青年紧密团结起来，形成共同致力于民族复兴的生动局面。一是建强青年爱国统一战线组织力量，广泛有效开展共青团统战工作，加强青年爱国统一战线组织能力，不断汇聚起中华儿女上下同心、团结奋进的磅礴力量。二是联系凝聚新兴青年群体，建立直接密切联系新兴青年群体的各项制度和工作安排，团干部、团员要通过调研、走访、开展活动等多种形式走进新兴青年群体当中，和身边的新兴青年群体交朋友，建立直接的联系。三是引导各民族青少年铸牢中华民族共同体意识。坚持显性教育与隐性教育相结合，拓展教育载体，用青少年喜闻乐见的社团表演、戏剧影视、短视频等多种形式，推动中华民族共同体意识入脑入心。四是发展壮大港澳台青年爱国力量，增进港澳台青年对中国共产党领导中华民族百年奋斗辉煌历程的理解和认同，推动其同祖国人民共担民族历史责任、共享祖国繁荣富强的伟大荣光。

★相关知识

新兴青年群体

新兴青年群体是伴随着我国市场经济向纵深发展，在经济社会结构发生深刻变迁的过程中出现的新生社会力量。新兴青年群体的产生是产业结构变化引起就业结构变化的结果。近些年我国社会经济发展涌现大量新业态、新产业，高新技术产业、高端服务业以及互联网经济加速发展，出现了非正规就业、临时就业、弹性就业、钟点工、平台协作、数字游民等多种就业形式。新兴经济在实现就业方式多样化的同时，就业流动性大大增加，企业与职工的双向选择机会增加，职工对单位的依赖性大大减弱，独立自主性增强。如果从职业和就业角度定义新兴青年群体，那么这一群体就是在新兴经济中从事新兴职业的年轻人，具体可分为三大类：一是网络文化青年，主要依托互联网平台进行文化内容创作，提供线上文化服务的青年群体。比如，网络新媒体从业者、网络主播、网络作家/网络文学写手、电子竞技从业者，等等。二是独立文艺青年，主要指活跃于线下文化领域，独立于传统文化艺术机构，采取灵活组织方式开展文艺创作和服务的青年群体。比如，独立电影人、独立戏剧人、独立音乐人、自由美术创作者、非遗传人/手工艺人、街头文化人，等等。三是生活新业态青年，主要指集中于生活服务业新业态领域，提供专业生活服务的青年群体。比如，依托线上平台提供生活服务的青年群体（网约配送员、网约车司机等）、以提供线下生活服务体验为主的青年群体（健康照护师、宠物医生、收纳师等）。

★ **重要论述**

广大留学人员要把爱国之情、强国之志、报国之行统一起来，把自己的梦想融入人民实现中国梦的壮阔奋斗之中，把自己的名字写在中华民族伟大复兴的光辉史册之上。

面对新形势新任务，欧美同学会·中国留学人员联谊会要发挥群众性、高知性、统战性的特点和优势，立足国内、开拓海外，努力成为留学报国的人才库、建言献策的智囊团、开展民间外交的生力军，成为党联系广大留学人员的桥梁纽带、党和政府做好留学人员工作的助手、广大留学人员之家，把广大留学人员紧密团结在党的周围。要关心留学人员工作、学习、生活，反映愿望诉求，维护合法权益，不断增强吸引力和凝聚力。

——摘自 2013 年 10 月 21 日习近平总书记在欧美同学会成立 100 周年庆祝大会上的讲话

第五篇·宏伟蓝图共绘奋进史诗

66
怎样建强青年爱国统一战线组织力量？

建强青年爱国统一战线组织力量，需要充分发挥党领导下的以共青团为主导的青年组织体系统战功能，更好发挥青联组织枢纽作用，着力构建共青团大统战工作格局。一是增强政治功能，在所联系的青年群体中加强思想政治引领，用共同的思想基础引导青年，用共同的爱国情怀感召青年，用共同的奋斗目标激励青年，用共同的文化血脉联结青年，引领各族各界青年爱国、团结、跟党走。二是拉长联系半径，坚持和完善青联团体会员制，发挥学联和青年科技工作者协会、青年志愿者协会、青少年新媒体协会、留学人员联谊会等组织作用，在巩固工农青年群众基本盘的基础上，向新兴青年群体、党外青年知识分子、出国和归国留学青年、海外青年侨胞等统战工作对象延伸，努力把最大多数青年组织起来。三是强化代表属性，突出青联委员的青年代表身份，建立青年骨干发现遴选机制，进一步严明标准、优化结构，努力让各行各业的优秀青年代表在青联中有身份，有广泛社会影响的青年社团在青联中有席位，占人口多数的青年群体在青联中有代表。

67
联系凝聚新兴青年群体的举措有哪些？

伴随着新兴青年群体规模逐渐扩大和社会影响力日益显现，在建设社会主义现代化强国、实现中华民族伟大复兴中国梦的征程中，需要做好新兴青年群体工作，凝聚新兴青年群体力量。具体而言，要敏锐把握青年群体分化趋势，及时将活跃在经济社会各领域的新兴青年群体纳入工作视野和组织体系。深化实施"伙伴计划"，大力加强对青年社会组织的联系、服务、引导，扩大对新兴青年群体的有效覆盖。加大"筑梦计划"实施力度，在新业态新就业青年群体成长发展的关键环节提供帮助、传递温暖、实现引领。适应青年网络化生存特点，着力强化对各类网络圈层的团结凝聚，不断扩大共青团网上"朋友圈"。

68
怎样引导各民族青少年铸牢中华民族共同体意识？

中华民族共同体意识是国家统一之基、民族团结之本、精神力量之魂。引导各民族青少年铸牢中华民族共同体意识，需要从三个方面用力：一是推动青少年民族团结进步教育更加有形有感有效。每年开展 10 万场"石榴籽一家亲"主题团课队课，组织 50 万名各民族青少年参加融情交流活动，推动 100 万名各民族青少年书信结对，促进各民族青少年深度交往交流交融，切实增强对伟大祖国、中华民族、中华文化、中国共产党、中国特色社会主义的认同。二是加强对党的民族理论和民族政策的宣传阐释。打造民族团结进步宣讲"青骑兵"队伍，深入广大青少年讲述身边的民族团结故事，传播民族团结好声音。三是提升少数民族青少年国语素养。通过开设夜校、结对帮助、研学实践等方式，提升少数民族青少年使用国家通用语言文字的能力。

69
怎样发展壮大港澳台青年爱国力量?

　　习近平总书记指出,实现中华民族伟大复兴,是全体中国人共同的梦想。发展壮大港澳台青年爱国力量,需要全面准确、坚定不移贯彻"一国两制"方针,加强港澳青少年爱国主义教育,深化"港澳青年看祖国"主题交流活动,推动港澳与内地青少年广泛交往、全面交流、深度交融;支持港澳青年参与粤港澳大湾区建设,建好港澳青年实体服务机构,落实服务港澳青年在内地学习、就业、创业、生活的政策举措,为港澳青年融入祖国发展创造良好条件,不断增强国家意识和爱国精神。深入贯彻新时代党解决台湾问题的总体方略,深化海峡青年论坛等品牌项目,健全海峡青年社团交流机制,扩大两岸青年交流规模、领域和范围;持续推出便利台湾青年在大陆发展的政策措施,推动两岸青年互学互鉴、携手打拼,共同弘扬中华文化、促进心灵契合。

70
青年人在构建人类命运共同体中的使命是什么？

习近平总书记在给"国际青年领袖对话"项目外籍青年代表回信中，勉励"中外青年在互学互鉴中增进了解、收获友谊、共同成长，为推动构建人类命运共同体贡献青春力量"[①]。这一重要论述，为中外青年加强交流互鉴、增进相互理解、发展长久友谊、共担时代责任指明了重要方向。习近平总书记还指出："世界的未来属于年轻一代。全球青年有理想、有担当，人类就有希望，推进人类和平与发展的崇高事业就有源源不断的强大力量。"[②]推动构建人类命运共同体，创造世界美好未来，中国青年责无旁贷。要坚持胸怀天下，积极投身新时代中国特色大国外交，更加主动地向全世界展现新时代中国和中国青年的良好风貌，在携手构建人类命运共同体的生动实践中展现青春担当。

---

① 习近平：《论党的青年工作》，中央文献出版社 2022 年版，第 238—239 页。
② 习近平：《论党的青年工作》，中央文献出版社 2022 年版，第 114—115 页。

　　青年最富有朝气、最富有梦想。中国的未来属于年轻一代，欧洲的未来属于年轻一代，世界的未来属于年轻一代。希望中欧双方的同学们用平等、尊重、爱心来看待这个世界，用欣赏、包容、互鉴的态度来看待世界上的不同文明，促进中国和欧洲人民的相互了解和理解，促进中国、欧洲同世界其他国家人民的相互了解和理解，用青春的活力和青春的奋斗，让我们生活的这个星球变得更加美好。

　　　　　　　　　　——摘自 2014 年 4 月 1 日习近平主席在布鲁日欧洲学院的演讲

71
如何推动青年工作服务新时代中国特色大国外交？

青年外交是青年在国际双边与多边舞台维护国家利益并实现青年政治人与国家利益双向建构的外交形态。中国青年外交应担当好党和国家对外工作重要补位者、为国家间关系牵线搭桥的先遣队、中国形象和中国故事的积极传播者、国家重大外交理念的青年实践者四重角色。推动青年工作服务新时代中国特色大国外交，需要做好以下事项：一是主动服务党和国家对外工作大局，始终与党的事业、与党和国家的中心任务紧密联系在一起，紧扣服务民族复兴、促进人类进步这条主线，高举和平、发展、合作、共赢的旗帜，服务国家全方位、多层次外交。二是务实推进青年发展国际合作，和世界各国青年一道积极参与维和事业、扶贫减负、救灾救助、卫生服务、环境保护等国际事务，深化国际交流合作，积极应对各种全球性挑战，共同把人类赖以生存的星球建设得更好。三是织紧织密全球青年伙伴关系，与不同群体和国际组织搭建"朋友圈"，架起民间外交桥梁，为国家间交流提供有益补充。

72
新时代青年工作如何主动服务党和国家对外工作大局？

新时代青年工作服务党和国家对外工作大局，需要加强以下工作：一是积极配合元首外交拓展青年领域交流活动，高质量实施党和国家领导人倡议的青年交流项目，不断夯实中外关系的青年民意基础。二是对外宣介中国外交理念和倡议，推动中外青年弘扬和平、发展、公平、正义、民主、自由的全人类共同价值，以实际行动落实全球发展倡议、全球安全倡议、全球文明倡议。三是动员广大青年积极服务高质量共建"一带一路"，积极参与高水平对外开放，为构建新发展格局作出独特贡献。四是加快构建与新时代中国特色大国外交相适应的共青团青年外事工作体系，以更加进取的姿态继续开拓新时代青年外事工作新局面。

73
怎样务实推进青年发展国际合作？

世界要发展，青年首先要发展；只有青年发展得好，世界才能发展得更好。推进青年发展国际合作是增强青年地位作用、共建和谐繁荣世界的关键之举，务实合作主要内容包括：一是积极倡导青年优先发展理念，主动引领国际青年议程，响亮发出中国青年声音，大力提升在国际青年事务和国际青年运动中的影响力、引领力。二是办好世界青年发展论坛，积极推进全球青年发展行动计划，发挥国际青年企业家协会联盟等平台作用，推动建立青年发展国际合作工作机制和人才体系。三是发挥海外中国青年、高校青年师生、留学归国青年的沟通联络优势，建立机制化、社会化合作网络，推动中外青年围绕教育文化、创新创业、数字经济、生态环保、志愿服务、乡村振兴等重点领域加强交流合作，打造一批有广泛影响力的国际青年发展品牌项目。

74
如何织紧织密全球青年伙伴关系网？

　　积极响应习近平总书记提出的构建人类命运共同体的主张，紧紧围绕"一带一路"建设，大力实施中国青年全球伙伴计划，不断扩展知华友华的青年伙伴网络，主要包括以下工作：一是实施世界青年英才"走近中国"计划。开展与国外青年组织和国际机构的交流合作，邀请各国各领域优秀青年代表访华，举办主题论坛、专题研修、考察实践等活动，帮助外国青年全面深入了解中国，成为知华友华的青年伙伴。二是实施在华外国青年"知行中国"计划。搭建面向在华留学生、外籍青年的交流平台，举办社会实践、社会参与、实习实训等活动，帮助在华外国青年更好融入中国，成为沟通中外的青年使者。三是实施"倾听中国"青年传播计划。建立对外交流和对外传播渠道，举办青年国际交流和国际传播活动，选派中国青年代表参与国际会议和国际组织，对外讲好中国故事，发出中国青年声音。四是实施"筑梦丝路"青年发展计划。为共建"一带一路"国家青年搭建合作平台，实施青年企业家经贸合作、青年就业创业、青年志愿者海外服务等项目，助力中外青年参与"一带一路"建设、实现共同发展。五是举办世界青年发展论坛。以助力青年发展和全球发展为主题，倡导青年优先发展理念，搭建跨地区、跨行业、跨领域的发展伙伴关系网络，推进全球青年发展行动计划，为落实联合国可持续发展议程和全球发展倡议汇聚世界青年力量。

第六篇

严实之风展现
清新形象

75
纵深推进共青团改革的意义是什么？

　　共青团改革既是重大任务、重大考验，更是重大机遇，具有重大意义。从战略意义上看，群团改革是新时期全面深化改革的有机组成部分。共青团作为党的助手和后备军，与党有着特殊的政治关系，全面从严治党必然要求共青团深化自身改革、全面从严治团。因此，共青团改革与全党全国协调推进"四个全面"战略布局的行动高度一致，是时代的潮流、发展的需要。从历史意义上看，回顾共青团的百年历史，不断适应时代环境、不断改革创新始终是共青团发展的主流和常态，充分证明共青团只有通过改革才能永葆生机活力，创造更大成就。从问题意识上看，当前，共青团建设和工作中存在许多不适应、不符合发展要求的地方。比如，部分团员光荣感不强，团的吸引力、凝聚力不够，工作有效覆盖面不足。不解决这些问题，共青团就无法履行好党赋予的青年群众工作使命。改革是共青团破解难题、焕发活力、增强功能的必然要求。

76
怎样纵深推进共青团改革？

纵深推进共青团改革要从五个方面发力：一是继续深化团的领导机关改革。认真落实党中央关于群团改革的决策部署，健全党委统一领导群团工作的制度，紧紧围绕保持和增强政治性、先进性、群众性这条主线，强化问题意识，以更大力度、更实举措推进改革，着力解决机关化、行政化、贵族化、娱乐化等问题，把共青团组织建设得更加充满活力、更加坚强有力。二是持续推进县域共青团综合改革。聚焦县域内整体的共青团组织这一改革对象，以强化政治功能、形成社会功能为目标，重点对准基层组织方式单一和工作方式低效的问题，继续破除县级团委机关"四化"问题特别是机关化、行政化顽疾，创造性地解决基层组织"四缺"问题，全面准确地把握深化改革的主要任务和着力重点。三是全面展开城市社区共青团改革。围绕国家治理体系和治理能力现代化目标要求，聚焦城市社区建设发展规律和青年聚集发展要求，创新团的基层组织形态和工作方式，发挥共青团实践育人功能，构建共青团参与社区治理人员、项目、阵地、资源"四位一体"工作模式，引领广大青少年在社区中提高参与意识、加强实践锻炼、增长本领才干，成为协助党和政府加强和创新社会治理的重要力量。四是大胆探索基层团支部改革。牢固树立工作到支部、到团员的鲜明导向，强化团支部作为共青团工作基本单元的功能，做到团员主要的学习实践活动由支部组织、政治骨干由支部推荐、团内荣誉由支部评议、帮扶对象由支部推选。五是协同推进青联、学联、少先队改革。紧紧依靠党的领导，把青联、学联、少先队改革放到共青团改革的"大盘子"里来谋划、部署和推进，主动请示汇报，积极争取支持，拧紧责任螺丝，注重过程管理，强化督导落实，抓好考核激励，营造想改革、敢改革、善改革的浓厚氛围。

77
持续深化团的领导机构改革的思路举措是什么？

持续深化团的领导机构改革，必须牢牢把握改革正确方向，始终坚持党对群团组织的领导，坚决贯彻党的意志和主张，自觉服从服务党和国家工作大局，找准工作结合点和着力点。要聚焦突出问题，改革机关设置、优化管理模式、创新运行机制，坚持眼睛向下、面向基层，将力量配备、服务资源向基层倾斜，更好适应基层和群众需要。

78
如何持续推进县域共青团综合改革？

县域共青团综合改革要坚持改革的正确方向，准确领会改革意图，抓住主要矛盾和关键问题，以干部来源多元化、组织方式多样化、引领动员网络化、工作内容项目化、生存资源社会化、运行机制扁平化为主攻方向，强化政治功能、形成社会功能，持续提升基层团组织的引领力、组织力、服务力和大局贡献度。一是创新工作力量选用机制。主动争取党委支持，健全完善符合群团组织特点的干部管理方式，不拘一格选拔政治素质好、事业心强的优秀青年从事团的工作。二是革新基层组织建团模式。适应经济社会结构、青年聚集方式新变化，加强园区、楼宇、社区等空间型团组织建设，建好用好枢纽型"青年之家"，创新建设活动型青年社团、互动式青年社群，丰富完善团的基层组织网络。三是革新团的工作方式。打造常态开展、长期坚持、功能稳定的工作项目，积极探索动员引领网络化、生存资源社会化、运行机制扁平化，推动县域共青团功能充分彰显。

"青年之家"

　　"青年之家"是共青团主导管理使用的公益性、专业化的工作平台，是共青团面向青少年开放的各类服务阵地的总称，也是推进团的基层组织创新的一种平台型、枢纽型的组织形态。截至 2022 年年底，全团依托各类阵地建设"青年之家"6.1 万个。

79
全面展开城市社区共青团改革怎么做？

　　社区是青年服务社会、发展个性的重要领域，是共青团参与社会治理的重要空间，也是当前共青团工作的突出短板。要积极适应社会治理要求，着力构建以区域基层团组织为堡垒、以青年社会组织为伙伴、以基层社区为发力方向、以社会化动员为基本路径的社会领域共青团工作体系。一是创新凝聚新兴青年群体的组织方式。注重运用地缘、学缘、业缘、趣缘、育缘、益缘等社会机理，广泛联系、培育与共青团紧密协同的青年社会组织。二是创新激活基层社区的工作方式。从社区青年的生活方式和实际需求出发，在志愿服务、创业就业、文艺体育、社会实践、婚恋生育等领域，打造务实有效、贴近青年、常态开展的活动载体和工作项目。三是创新汇聚社会力量的动员方式。健全完善动员机制，着力激发青年力量、挖掘社会资源，增强共青团社会化生存和自持发展能力，构建项目、资金、人才、阵地共建共治共享的社会动员"生态圈"。

80
从哪些方向探索基层团支部改革？

　　基层组织是共青团全部工作和战斗力的基础，加强基层建设是共青团履行自身职责使命的内在要求，是深化共青团改革的重要内容。树立"一切工作到支部，一切工作靠支部"的理念，持续加强支部规范化建设，全面激发支部活力。引导基层团组织增强活动策划能力，围绕志愿服务、济困助学、就业创业、岗位建功、实践教育等领域，增强基层团支部的组织活力。健全基层团内民主制度，增强支部组织生活政治性、时代感、青年味，让团员在组织生活中充分交流思想、表达意见、学习成长，更好焕发团支部活力。适应时代发展要求、青年行为习惯、团员普遍愿望，积极推进团费制度等基层组织工作制度改革，切实增强组织原则的适用性和团员正确履行义务的便捷性。

149

81
怎样协同推进青联、学联、少先队改革？

协同推进青联、学联、少先队改革重点做好三个方面工作：一是持续深化青联改革。着力强化青联组织的政治功能和社会功能，着力加强对青联委员和团体会员的政治引领，着力壮大青联的社团组织基础，着力推进从严治会，不断彰显青联组织价值。二是持续深化学联学生会改革。努力贴近广大同学，紧紧抓住同学成长发展的迫切需求，切实增强服务实效，不断提升同学满意度和社会认可度；积极推进中学中职学生会建设。三是持续深化少先队改革。充分发挥少先队在学校育人体系中的独特作用，加快构建少先队社会化工作体系，坚持组织教育、自主教育、实践教育相统一，注重发挥混龄教育优势，不断提高育人成效。

★ 重要论述

　　青联和学联事业是党的群团事业的重要组成部分，青联和学联组织一定要不断保持和增强政治性、先进性、群众性，不断推进自身改革，认真履行自身职能，更好组织动员广大青年坚定地跟党走。

——摘自 2015 年 7 月 24 日习近平总书记致全国青联十二届全委会和全国学联二十六大的贺信

82
坚定不移全面从严治团的重要意义是什么?

全面从严治团就是在全面从严治党的背景下,原汁原味、不折不扣地将习近平总书记关于团组织、团干部、团员的一系列重要指示精神贯彻到共青团事业的各项工作中去。第一,党团关系决定了共青团必须坚持自我革命。党中央把全面从严治党纳入"四个全面"战略布局,共青团就要向习近平总书记和党中央看齐,落实总书记指示精神,坚持解放思想、实事求是、与时俱进、求真务实,对标全面从严治党要求,坚定深化改革,全面从严治团。第二,共青团深化改革是党坚持自我革命的重要组成部分。在推进全面从严治党的进程中,习近平总书记始终关心共青团的建设,强调共青团员与共产党员在政治上的要求是一样的。作为党联系青年群众的政治组织,共青团必须把新时代党的建设新要求全面贯彻落实到团的建设中去,必须紧紧围绕这个职责定位进行深化改革。第三,全面从严治团是共青团坚持自我革命的关键一招。全面从严治团就是要不断加强先进

新时代青年工作百问百答

性建设，加强团干部作风建设，抓好重点群体，找准具体切入点，切实锤炼严实作风，使团干部努力成为团员青年的榜样，实现团内作风的整体跃升。全面从严治团就是要不断加强群众性建设。

83
怎样推进全面从严治团工作开展？

推进全面从严治团工作开展，重点需要做好以下工作：一是坚持党的全面领导，筑牢全面从严治团的政治根基。必须坚持以政治建设为统领，加强共青团系统党的建设；必须不断加强思想建设，自觉用习近平新时代中国特色社会主义思想武装头脑、指导实践、推动工作。二是从严加强团的组织建设，着力提升政治功能、组织功能和服务功能。坚持党建带团建，使团的基层组织建设纳入党的基层组织建设总体格局；坚持以服务能力建设为重点，以服务促建设，以服务求活跃；坚持与时俱进，以创新的精神和发展的观点，研究新情况，解决新问题；坚持思想建设、组织建设和作风建设的有机结合，把制度建设贯穿其中。三是从严加强团干部队伍建设，着力锤炼政治品格和优良作风。本着德才兼备的原则，客观认真地选拔团干部，科学合理地使用团干部，并协助各级党组织做好团干部的协管和转岗工作；要加大团干部的学习培训力度，积极为团干部丰富阅历、增强实力创造条件，并为其提供足够的施展空间；要在团干部队伍中形成争先创优的激励机制，塑造出一支作风过硬、运作高效的团干部队伍。四是从严加强团员队伍建设，着力增强共青团员先进性。以团员意识教育为中心进行思想整顿，经常对团员进行纪律教育，增强团员的纪律观念，使团员的政治素质和思想素质有一个明显的提高，把广大团员培养锻炼成为合格的共产主义事业接班人，团结和带动全国青年向着"四有"目标不断迈进。五是完善团内规章制度体系，着力强化全面从严治团的刚性约束。坚持整体推进与急用先行相结合，本着于法周延、于事简便、务实管用的原则，按照统筹"规范主体、规范行为、规范监督"的建设思路，系统构建覆盖团员、团干部、团组织的团内制度体系；研究出台团内规章制定条例，着眼提升科学性、规范性，注重与党规党纪、法规法纪的有序衔接，规范团内规章制定工作。

84
怎样筑牢全面从严治团的政治根基？

筑牢全面从严治团的政治根基，需要认真组织开展学习贯彻习近平新时代中国特色社会主义思想主题教育，牢牢把握"学思想、强党性、重实践、建新功"的总要求，努力做到以学铸魂、以学增智、以学正风、以学促干，自觉用党的创新理论统一思想、统一意志、统一行动。建立健全政治理论学习制度，坚持完善"第一议题"学习机制，不断提高政治判断力、政治领悟力、政治执行力。着力完善贯彻落实习近平总书记重要指示批示精神和党中央决策部署的工作闭环，健全台账管理和督查督办机制，确保党中央各项要求落实到共青团工作的全过程各领域。全面加强共青团系统党的建设，严格落实重大事项请示报告制度，自觉接受巡视巡察并协同抓好整改落实。

85
如何从严加强团的组织建设？

从严加强团的组织建设，就要着力提升政治功能、组织功能和服务功能。一是深入实施共青团组织体系贯通工程。加强团的领导机关建设，深化"一专一站两联"工作机制，建设横向覆盖各领域、纵向联通各层级、普遍联系团员青年的工作体系，推动团的领导机关发挥政治功能。二是严密团的组织体系。着眼发挥共青团在大思政格局中的独特作用建强学校团组织，巩固国有企业、机关事业单位等团组织建设，实施行业系统团建攻坚行动，持续扩大"两新"组织团建覆盖，构建纵横交织、上下贯通的组织体系。三是定期开展基层团组织规范化建设对标定级和突出问题专项治理。持续整顿软弱涣散团组织。优化"智慧团建"系统，创新运用数字化手段赋能团的组织建设。四是大力加强学习型团组织建设。清醒认识面对日益复杂的生存发展环境、日新月异的科学技术进步，唯有依靠学习才能走向未来、创造未来。

"一专一站两联"

"一专一站两联"是旨在有效发挥各级团的代表大会、委员会作用，横向打通各领域、纵向联通各层级，推动代表、委员常态化走进青年、履职尽责的制度机制。"一专"是指团的委员会专门委员会，团十八届中央委员会共设企业、农村、高校、职业院校、中学和少先队、社区和社会组织6个专门委员会，355个省、地市级团委建立专门委员会。"一站"是指县域团代表联络站，截至2023年6月，全国2824个县级团委已建立团代表联络站，覆盖团代表、委员26.5万人，联系团员青年440余万人。"两联"是指团的委员会成员联系团代表、团代表联系团员青年的工作机制。

"智慧团建"系统

"智慧团建"系统是支持共青团基层建设和工

作的线上数据库和管理平台，主要功能包括团内基础数据统计分析、团员团组织团干部信息管理、组织生活记录、组织关系转接等。系统于2019年初步建成，不断完善升级。

86
如何从严加强团干部队伍建设？

从严加强团干部队伍建设，着力锤炼政治品格和优良作风。团的作风形象首先体现为团干部的作风形象，团的事业发展关键靠的是团干部的担当作为。一是落实主题教育要求，认真开展团干部队伍教育整顿。坚持把政治标准放在首位，从严选配团的领导机关干部，常态化分级分类开展团干部教育培训，让对党忠诚成为团干部的鲜明政治品格。二是深化密切联系青年机制。推动团干部进万家门、访万家情、结万家亲，和广大青年打成一片，让扎根青年成为团干部的强烈行动自觉。三是健全考核评价机制。加强绩效管理，突出激励约束，引导团干部树立和践行正确政绩观，让多为青年计、少为自己谋成为团干部的思想自觉，让担当实干成为团干部的过硬工作作风。四是持续开展团干部成长观教育。加强新时代廉洁文化建设，加强日常监督执纪和警示提醒，让廉洁自律成为团干部的基本道德修为。广大团干部要增强事业心，彻底拔除"官本位"思想根子，摒弃畏首畏尾的"谨慎"，不学市侩乡愿的圆滑，精神舒展工作，理直气壮履职，以一言一行重塑清新形象。

87
如何从严加强团员队伍建设？

从严加强团员队伍建设，为的是着力增强共青团员先进性。一是严把入团关口。严格标准、严把入口，落实少先队推优入团相关规定，健全积分入团、评议入团制度，不断提升团员发展质量。二是加强总量控制。坚持县域统筹、市域补充、省控总量，科学制订团员发展计划，优化团员发展结构，合理调控团青比。三是严格团员教育管理。深化先进性评价、荣誉激励机制，引导团员在实践中展现先进和优秀，做理想远大、信念坚定，刻苦学习、锐意创新，敢于斗争、善于斗争，艰苦奋斗、无私奉献，崇德向善、严守纪律的模范。四是严肃团员纪律要求。依章依规稳妥处置不合格团员，保持队伍纯洁性和战斗力。

全面加强共青团和团干部队伍建设

习近平总书记指出，要顺应全面从严治党的要求，坚持问题导向，敢于刀刃向内，纵深推进团的改革，全面从严管团治团，坚定不移走好中国特色社会主义群团发展道路。建设什么样的青年组织、怎样建设青年组织是事关根本的重大问题。共青团只有勇于自我革命，才能跟上时代前进、青年发展、实践创新的步伐。要坚守扎根青年活力之源，把组织的根基深扎最广大普通青年之中，突出服务青年的工作生命线，用心用情用力帮助青年解决就业、住房、婚恋、托幼、养老等急难愁盼问题，既把青年的温度如实告诉党，也把党的温暖充分传递给青年，把各族各界青年紧紧团结在党的周围。要坚持夯实基层鲜明导向，及时在各种新领域、新组织、新群体中建立团组织，统筹实施全团抓基层、全团抓学校等运行机制，不断增强政治功能、组织功能和服务功能，让团的基层组织更加充满活力、更加坚强有力。要坚定深化改革创新步伐，把党的全面领导落实到工作全过程各领域，适应国家治理体系和治理能力现代化的时代要求，不断深化机关改革，全面铺开县域改革，积极探索城市基层改革试点，一体推进青联、学联、少先队改革创新，不断保持和增强政治性、先进性、群众性，不断提高团组织的引领力、组织力、服务力。要坚决实施从严治团举措，把严的基调和实的要求一贯到底，始终做到政治上严、团干部队伍建设严、团员队伍建设严；尤其是教育广大团干部牢记习近平总书记重要要求，倍加珍惜为党做青年工作的宝贵机会，坚决做到对党忠诚、心系青年、担当实干、廉洁自律，不断提升政治能力、理论素养、群众工作本领，心无旁骛干好本职工作，用实打实的业绩赢得党的信任、赢得社会尊重、赢得青年口碑。

（资料来源：《把牢新时代青年工作的主题》，
求是网 2023 年 7 月 24 日）

88
如何完善团内规章制度体系？

    制度建设是全面从严治团的保障。坚持以党章为根本遵循、以团章为根本依据，系统推进团内规章建设，强化制度执行落实。完善团内规章制度体系，必须坚持以党章为根本遵循、以团章为基本依据，坚持整体设计与急用先行相结合，坚持规范主体、规范行为、规范监督，抓紧制定完善团内教育、管理、监督、执纪、问责等方面制度。强化各级团干部制度意识、规矩意识，督促团的各级领导机关带头维护制度权威，定期对规章制度落实情况进行评估检查，做到有章必循、有规必依，切实保障各项规章制度落地见效。

89
关于提高政治站位改进工作作风的规定是什么？

共青团中央印发的《关于提高政治站位　改进工作作风的六条规定》明确：一是坚决反对官本位思想。严禁自我设计、投机钻营，伸手向组织要职务、要待遇；严禁为谋求个人升迁拉关系、跑门路、打招呼。二是坚决反对宗派主义。严禁组织和参加以团干部或团干部经历名义举行的各种聚会联谊活动；严禁搞小山头、小圈子、小团伙。三是坚决反对脱离青年。严禁追逐名利，热衷于结交名人精英，漠视广大青年；严禁以"官"自居，抖威风、耍特权；严禁把联系青年当作秀，装样子、走过场。四是坚决反对飘浮作风。严禁空喊口号、不干实事，讲假话、讲大话空话；严禁好大喜功，讲排场、比声势；严禁报假数字、造假政绩；严禁搞短期行为、做表面文章、堆"盆景"工程。五是坚决反对以公谋私。严禁拿团内代表委员遴选、评奖评优名额分配、工作评比评价等权力作交易、谋私利；严禁借社会赞助为个人造势、为亲友谋利。六是坚决反对庸懒散漫。严禁妄自菲薄、敷衍塞责，轻视工作价值，心浮气躁、眼高手低，不琢磨工作、老想着转岗；严禁挖坑算计，只谋人不谋事，世故圆滑、不讲原则；严禁不思进取、庸懒无为，怨天尤人、暮气沉沉。

90
新时代全面从严治团的总体要求是什么？

新时代全面从严治团，必须以习近平新时代中国特色社会主义思想为指导，深入贯彻党的二十大精神，全面贯彻习近平总书记关于青年工作的重要思想，认真落实全面从严治党要求，坚持中国特色社会主义群团发展道路，学习党的百年奋斗历史经验，紧扣共青团的根本任务、政治责任和工作主线，锚定保持和增强政治性、先进性、群众性的目标，以政治建设为统领，以制度建设为支撑，发扬自我革命精神，扎实推进全面从严治团，为提高新时代共青团组织力、引领力、服务力和大局贡献度提供有力保障，更好地团结引领广大团员青年在全面建成社会主义现代化强国、实现中华民族伟大复兴中国梦的历史进程中建功立业。

91
新时代全面从严治团的基本原则是什么？

新时代全面从严治团有五条基本原则：一是坚持党的领导。始终坚持党的集中统一领导，全面贯彻党中央关于群团改革的重大部署，坚决落实习近平总书记关于青少年和共青团工作的重要指示批示，严格遵循习近平总书记关于从严治团的重要要求，把坚持和加强党的全面领导落实到从严治团的全过程各方面。二是坚持守正创新。从党的百年奋斗重大成就和历史经验中汲取智慧力量，弘扬"党有号召、团有行动"的优良传统，继承和发扬管团治团的历史经验，结合新形势新任务新要求，与时俱进、改革创新，系统构建全面从严治团工作体系，建立健全全面从严治团制度机制，开创全面从严治团新局面。三是坚持问题导向。直面突出问题，聚焦部分团干部机关化行政化倾向、一些团员先进性不够明显、不少基层团组织政治功能发挥不够充分和部分领域组织覆盖不足等问题，针对工作中存在的制度体系不够健全、较真碰硬不够坚决等短板，对症下药、精准发力。四是坚持严实标准。坚决贯彻习近平总书记对共青团政治建设、干部队伍建设、团员队伍建设提出的严和实的重要要求，学习全面从严治党的经验，坚定向党看齐的决心，鲜明树立严的标准，系统构建实的机制，确保工作取得实效。五是坚持分类施策。准确把握全面从严治团的工作重点及标准，针对不同层级团组织、不同岗位团干部、不同年龄段团员，突出政治标准、把握成长规律、照顾青年特点、注重方式方法，正确处理严管和厚爱的关系，促进全面健康发展。

92
新时代全面从严治团的重点任务是什么？

新时代全面从严治团的重点任务在于：一是坚持党的全面领导，铸牢全面从严治团的政治灵魂。政治建设是全面从严治团的灵魂。毫不动摇坚持党的领导，坚定不移走中国特色社会主义群团发展道路，始终恪守"党旗所指就是团旗所向"，坚持与党同心、跟党奋斗，切实履行党赋予的政治使命。二是坚持以提升组织效能为重点，抓团组织建设从严。团组织是全面从严治团的具体载体。着力加强共青团组织体系建设，优化团的领导体制机制，规范基层团组织建设，持续提升组织政治功能和社会功能，建设党领导下走在时代前列、走在青年前列的马克思主义青年政治组织。三是坚持以强化政治能力和作风建设为重点，抓团干部队伍管理从严。团干部是全面从严治团的"关键少数"。始终坚持新时代好干部标准，坚决落实习近平总书记对团干部提出的系列重要要求，改革完善团干部的选拔、培育、管理、使用机制，着力锻造忠诚干净担当的团干部队伍。四是坚持以先进性建设为重点，抓团员队伍管理从严。团员是全面从严治团的主体。立足为党源源不断输送新鲜血液的政治高度，加强团员政治引领和价值塑造，着力培养有信仰、讲政治、重品行、争先锋、守纪律的团员队伍。五是坚持以制度体系构建为抓手，强化全面从严治团的制度保障。制度建设是全面从严治团的保障。坚持以党章为根本遵循、以团章为根本依据，系统推进团内规章建设，强化制度执行落实。

93
怎样铸牢全面从严治团的政治灵魂？

　　始终把坚持党的全面领导作为全面从严治团的根与魂，铸牢全面从严治团的政治灵魂，必须从三个方面用力：一是始终做到对党绝对忠诚。始终牢牢把握培养社会主义建设者和接班人的根本任务，巩固和扩大党执政的青年群众基础的政治责任，围绕中心、服务大局的工作主线，时时对照党的助手和后备军作用发挥的要求，增强思想自觉、政治自觉和行动自觉。二是坚持不懈用习近平新时代中国特色社会主义思想武装全团。完善理论学习制度，坚持把学懂弄通做实习近平新时代中国特色社会主义思想作为首要政治任务和核心业务，提高团的各级领导班子理论学习中心组学习实效，建立健全"第一议题"学习机制，带动全团强化政治理论修养、高扬理想信念旗帜。三是全面加强共青团机关党的建设。深入贯彻新时代党的建设总要求，切实落实同级党委工作部署，履行全面从严治党主体责任，持续推进正风肃纪，打造政治忠诚的模范机关。依照有关规定，

新时代青年工作百问百答

规范对下级团组织的双重领导，适时派员列席下级团委领导班子民主生活会，完善上级团组织与直接领导下级团组织的党组织关于青年工作重大事项的沟通机制，指导帮助下级团组织做好党委巡视巡察发现问题的整改。

94
怎样从严抓好团组织建设?

从严抓好团组织建设需要重点做好以下工作:一是有效履行团的领导机关职能。主要包括:优化团的代表大会、委员会、常委会人员结构,健全团的各级委员会、常委会、专委会工作制度,明确团的各级领导机关具体职责,加强对直属单位和团属社团的管理。二是规范基层团组织建设。主要包括:坚持大抓基层,下大气力推进城市街道社区团的建设,规范组织设置运行,定期开展基层团组织规范化建设"对标定级"和突出问题专项治理,创新基础团务管理方式等。三是改进组织运行管理方式。主要包括:完善项目化管理模式,建立扁平化工作机制,加强绩效管理和跟踪问效,改进会风文风,切实为基层减负等。四是协同推进青联、学联、少先队管理从严。主要包括:持续优化青联委员来源和结构,突出学联学生会的服务职能,夯实全团带队职责等。五是广泛接受社会监督。主要包括:探索建立信息公开机制,探索建立青年评议机制,建立健全并严格执行共青团、青联、学联、少先队组织形象标识和礼仪管理规范等。

95
怎样从严抓好团干部队伍管理？

从严抓好团干部队伍管理是新时代共青团工作的重要任务，具体工作要求有三个方面：一是严管团的领导机关干部。从严选配团的领导机关干部，健全依规协管团干部的机制，改革考核评价机制，建立团干部工作目标责任制等。二是建强团的基层骨干队伍。重在强化责任心和岗位意识，增强履职能力，包括从严选配团的基层骨干，规范基层骨干培训，开展履职考核评价等。三是改进团干部作风。重在祛除"官本位"思想和克服形式主义、官僚主义倾向，锤炼严实作风，激发自我奋斗精神，包括持续开展团干部成长观教育，深入贯彻中央八项规定及其实施细则精神，深入实施团干部密切联系青年机制等。

96
怎样从严抓好团员队伍管理？

　　团员队伍是中国青年的骨干群体，从严抓好团员队伍管理就是要巩固新时代中国青年的中坚力量，其主要任务在于：一是提高团员发展质量。主要包括：严格入团标准，优化规模结构，规范发展程序，严肃工作纪律。二是加强团员教育管理。主要包括：加强对团员的共产主义远大理想和中国特色社会主义共同理想教育，严肃团内组织生活，规范开展年度团员教育评议、团内仪式教育。加强学生团员档案的管理和转接，严肃团员纪律要求等。三是发挥团员模范作用。主要包括：教育引导团员发扬创先争优、永久奋斗的精神品质，深化团员先进性评价激励机制，健全团内荣誉激励机制，落实推优入党制度等。

97
怎样强化全面从严治团的制度保障？

强化全面从严治团的制度保障要在两个方面显效：一是加快规章制度建设。制定规章制度建设规划，学习党内法规建设原则和经验，坚持整体推进与急用先行相结合，本着于法周延、于事简便、务实管用的原则，按照统筹"规范主体、规范行为、规范监督"的建设思路，系统构建覆盖团员、团干部、团组织的团内制度体系。研究出台团内规章制定条例，着眼提升科学性、规范性，注重与党规党纪、法规法纪的有序衔接，规范团内规章制定工作。二是从严抓好制度执行。强化各级团干部的制度意识，督促团的各级领导机关带头维护制度权威、做制度执行的表率，在全团形成自觉尊崇制度、严格执行制度的良好氛围。从严推动工作制度落实，做到有章必循、有规必依。团的各级领导机关采取调研、抽查、暗访等多种形式，定期对制度落实情况进行评估检查，切实保障各项制度落地见效。

98
加强新时代青年突击队工作的总体要求是什么？

在指导思想上，以习近平新时代中国特色社会主义思想为指导，全面贯彻党的二十大精神，贯彻落实习近平总书记关于青年工作的重要思想，激励广大团员青年在以中国式现代化全面推进中华民族伟大复兴征程中挺膺担当、攻坚克难，充分发挥生力军和突击队作用。在工作定位上，坚持围绕中心、服务大局，坚持为党育人、服务青年，在工作领域上聚焦"急难险重新"任务，在工作性质上聚焦项目型任务攻坚，在工作方式上聚焦组织化集体性团结奋斗，在工作效应上聚焦专业化比学赶超，充分发挥青年突击队引领凝聚团员青年跟党前行、组织动员团员青年突击攻坚、联系服务团员青年成长发展的重要功能。在工作目标上，高举青年突击队旗帜，弘扬青年突击队精神，擦亮青年突击队品牌，全面推动青年突击队工作提质扩面，锻造一批勇于担当、冲锋在前，甘于奉献、吃苦在前，勤于创新、拼搏在前，善于团结、奋斗在前的青年突击队，使青年突击队覆盖更加广泛、功能更加清晰、作用更加突出、影响更加深远，更加提升和彰显广大团员青年和共青团在党和国家事业发展大局中的担当力和贡献度。

99
加强新时代青年突击队工作的主要举措
有哪些？

　　加强新时代青年突击队工作，需要各级团组织从队伍建设、组织动员、协调联动、服务保障等方面持续努力，重点做好以下四个方面工作：一是要规范队伍组建，锚定全面建设社会主义现代化国家目标，组织青年突击队在国家重大工程项目建设、"卡脖子"关键核心技术攻关、重大突发公共事件应急处置、保障和改善民生等"急难险重新"任务中积极发挥作用。二是要强化组织动员，综合运用组织化、社会化、网络化等多种方式，形成更紧跟时代、更贴近青年、更富有实效的青年突击队动员模式。三是要加强与应急管理、消防救援、卫生健康、交通运输等行业部门的联系合作和协调联动，提高专业化服务能力，扩大工作覆盖面和影响力。四是要做好服务保障，不断优化青年突击队工作的组织管理、跟踪评价、激励约束和人才培养等工作机制，持续提升工作的系统化、规范化水平。

新时代青年工作百问百答

100
开展青年发展型城市建设试点的适用范围和建设目标是什么？

　　青年发展型城市建设试点的适用范围包括五种情况：一是直辖市；二是国务院批准的计划单列市；三是行政级别为副省级的城市；四是行政级别为地级的城市；五是直辖市的市辖区或国家级新区可参照执行。青年发展型城市建设试点的建设目标为：通过试点探索经验，到 2025 年，城市青年发展规划工作机制比较健全，青年优先发展理念得到社会广泛认同，青年发展型城市评价体系逐步建立并完善，城市青年发展政策更具体系化、更有普惠性，青年投身城市发展的主动性和贡献度明显提升。到 2035 年，城市青年发展规划工作机制更加健全完善，建设青年发展型城市成为各地转变发展方式、提升城市品质的自觉行动，青年优先发展理念成为社会普遍共识，城市青年发展政策体系更加成熟定型，青年在推动城市发展中的生力军作用更加凸显。

青年发展型城市

　　青年发展型城市是推动《中长期青年发展规划（2016—2025年）》纵深实施、优化青年发展政策环境和社会环境的重要抓手。旨在扎实推进以人为核心的新型城镇化战略，积极践行青年优先发展理念，更好满足青年多样化、多层次发展需求，推动青年创新创造活力与城市创新创造活力相互激荡、青年高质量发展和城市高质量发展相互促进。2022年4月，17家中央部委联合印发《关于开展青年发展型城市建设试点的意见》，中长期青年发展规划实施工作部际联席会议办公室确定45个城市开展试点。在试点工作带动下，已有200多个地级以上城市开展青年发展型城市建设，河北、浙江、四川、贵州提出建设青年发展型省份。

101
围绕促进青年高质量发展，开展青年发展型城市建设试点的主要举措有哪些？

开展青年发展型城市建设试点，着眼于促进青年高质量发展，总的目标是让城市对青年更友好，具体举措可概括为七个"着力"：第一，着力优化青年优先发展的青年发展型城市规划环境。推动将青年优先发展理念融入城市发展战略，建立健全青年工作联席会议机制，鼓励有条件的城市制定本地区青年发展专项规划。第二，着力优化公平且有质量的青年发展型城市教育环境。加大基础教育投入力度，提高高中阶段教育普及水平，坚持教育公益属性，有效缓解青年家长的负担和焦虑。第三，着力优化激励青年施展才华的青年发展型城市就业环境。健全青年就业公共服务体系，完善劳动合同制度、劳动关系协调机制、劳动争议调解仲裁制度，健全工资合理增长机制。第四，着力优化保障青年基本住房需求的青年发展型城市居住环境。加快完善以公租房、保障性租赁住房和共有产权住房为主体的住房保障体系，因地制宜发展共有产权住房，鼓励居民家庭和企事业单位将闲置住房用于出租，加强完整社区建设。第五，着力优化缓解青年婚恋生育养育难题的青年发展型城市生活环境。加强青年婚育观、家庭观教育和引导，倡导优生优育，增加妇产、新生儿、儿科、儿童保健医疗资源供给，发展成本可负担、方便可及的普惠托育和婴幼儿照护服务，健全基本养老服务体系。第六，着力优化促进青少年身心成长发展的青年发展型城市健康环境。实施全民健身战略，引导青年投身健康中国建设，加大儿童青少年近视和肥胖预防控制力度，加强青少年心理健康教育和服务。第七，着力优化有效保护青少年权益免受意外伤害和非法侵害的青年发展型城市安全环境。加强青少年法治宣传教育，将安全防范标准纳入城市基础设施建设规划，加强青少年网络空间治理。

102
围绕建功城市高质量发展，开展青年发展型城市建设试点的主要举措有哪些？

开展青年发展型城市建设试点，必须聚焦发挥青年人能动性和建设力，围绕建功城市高质量发展，让青年在城市更有为。主要举措包括：第一，组织动员青年引领城市文明风尚。深入开展习近平新时代中国特色社会主义思想学习教育，持续开展社会主义核心价值观教育，引导青年争当中国好网民，引导青年热心支持慈善事业、机制化普遍性参与志愿服务。第二，组织动员青年投身创新创业热潮。完善青年人才发现培养、评价使用、流动配置、激励保障机制，发挥共性技术平台、创业孵化园区、创新创业赛事、协会等载体的人才凝聚和资源对接作用。第三，组织动员青年立足岗位建功立业。组织青年在重大工程建设中、"急难险重新"任务前挺身而出、攻坚克难，培养更多高技能青年人才，健全完善积分落户等激励政策，选树青年奋斗典型、宣传青春奋斗故事、激发青年活力潜能，动员各领域青年特别是新兴领域青年投身城市建设、助力城市发展。第四，组织动员青年有序参与社会治理。发挥群团组织在社会治理中的作用，创造更多的青年直接向城市管理者建言献策机会，探索青年发展型社区建设，引导青年根据兴趣爱好积极参与社区社会组织。第五，组织动员青年助推生活品质提升。动员青年倡导绿色出行、垃圾分类、"光盘行动"、节水节电等绿色生活方式，合理引导青年消费需求，发展以青年为主要生产者和消费者的青年经济，探索建立与青年发展相适应的城市公共服务空间与设施建设标准，有效提升青年在城市建设中的参与感和贡献度。

103
学联学生会组织改革的总体目标是什么？

学联学生会组织改革的总体目标是：通过体制机制改革和工作创新，使得学联学生会组织存在的突出问题在 2—3 年内有明显改进，使各级学联学生会组织的政治性、先进性和群众性得到显著增强。其分支目标包括：第一，职能作用更加明确。积极争取党组织和团组织的支持，使各级学联学生会组织地位得到加强，工作自主性、规范性增强，联系、代表、服务同学和维护同学权益的职能作用发挥更加充分，在参与学校治理中的作用显著提升。第二，代表性更加广泛。进一步扩大学联学生会组织的代表性，规范代表大会代表名额分配比例和产生方式，重点扩大普通学生代表的比例，真正选出品学兼优的学生代表、学生干部；建立学生代表、学生干部直接联系同学、听取意见的制度。第三，队伍作风更加严实。进一步规范学联学生会组织领导机构的产生方式，规范学生会干部选拔标准、评价机制，不断强化学生干部的群众意识、责任意识、奉献意识，更好推进学生干部转变作风，坚决抵制和克服脱离广大同学的倾向。第四，工作效能更

187

第六篇·严实之风展现清新形象

加彰显。进一步明确学校团学工作的组织格局，理顺学校学生会与其他学生组织的关系，规范健全各级学联学生会组织的机构设置，推动各级学联组织进一步加强工作联动，推动各级学生会组织进一步完善广大同学参与、监督和评议的体制机制，努力建设服务型、学习型、创新型学生会组织，使引领和服务广大同学的水平和能力得到显著提升。

104
怎样推进学联组织改革？

　　推进学联组织改革，要始终坚持完善党领导下、团指导下的各级学联组织体系。各级学联组织要坚持在党的领导、团的指导下，依照国家的法律、法规和本组织的章程开展工作，充分发挥作为党和政府联系同学的桥梁纽带作用，服务同学成长成才，增进各族同学团结，发展同各国各地区学生和学生组织的友谊与合作。建立健全"全国、省、市"三级学联组织基本格局，加强上级学联对下级学联的统筹指导。

189

105
怎样推进学校学生会组织改革？

深化新时代高校学生会改革和建设，不断提升同学满意度、大局贡献度和社会认可度，是深入贯彻党的二十大精神，深入贯彻落实习近平总书记关于青年工作重要思想的具体举措。一是把牢政治方向，二是加强领导指导，三是当好桥梁纽带，四是抓实队伍建设，五是提升服务实效，六是创新组织模式，七是优化项目运行，八是强化考核评价，九是坚持从严治会，十是压实工作责任。

106
新时代深化全国青联改革的总体思路
和主要目标是什么？

《新时代深化全国青联改革实施方案》明确，深化全国青联改革要力争通过三年左右的时间，在团结引领作用更加鲜明、党联系青年的桥梁纽带作用有效发挥、全国青联的组织基础进一步夯实、全国青联委员会构成更加合理等方面形成标志性成果。

107
新时代深化全国青联改革的举措部署有哪些？

《新时代深化全国青联改革实施方案》全面部署了新时代深化全国青联改革的各项事务，其主要举措包括：一是进一步强化全国青联作为党领导下的基本人民团体的政治功能和社会功能；二是增强青年爱国统一战线的广泛性；三是充分发挥党联系青年的桥梁纽带作用；四是进一步完善从严治会的工作机制。

108
中长期青年发展规划的指导思想是什么？

中共中央、国务院印发的《中长期青年发展规划（2016—2025 年）》指出，中长期青年发展规划的指导思想是：高举中国特色社会主义伟大旗帜，全面贯彻党的十八大和十八届三中、四中、五中、六中全会精神，坚持以马克思列宁主义、毛泽东思想、邓小平理论、"三个代表"重要思想、科学发展观为指导，深入学习贯彻习近平总书记系列重要讲话精神和治国理政新理念新思想新战略，坚持党管青年原则，牢牢把握为实现中华民族伟大复兴中国梦而奋斗的时代主题，充分照顾青年的特点和利益，优化青年成长环境，服务青年紧迫需求，维护青年发展权益，促进青年全面发展，引导青年树立共产主义远大理想和中国特色社会主义共同理想，坚定中国特色社会主义道路自信、理论自信、制度自信、文化自信，自觉团结凝聚在党的周围，更好成长为中国特色社会主义事业的合格建设者和可靠接班人。

109
中长期青年发展规划的根本遵循是什么？

　　中长期青年发展规划的根本遵循是：坚持马克思主义青年观和中国特色社会主义青年运动方向，全面贯彻落实以习近平同志为核心的党中央关于青年工作的决策部署，引导广大青年坚定不移听党话、跟党走；坚持以青年为本，尊重青年主体地位，把服务与成才紧密结合，让青年有更多获得感，促进青年在投身实现中华民族伟大复兴中国梦的实践中放飞青春梦想、实现全面发展；坚持全局视野，从战略高度看待青年发展事业，党委加强领导，政府、群团组织、社会等各方面协同施策，共同营造有利于青年发展的良好环境。

110
中长期青年发展规划的总体目标是什么？

中长期青年发展规划的总体目标分两个阶段实施：到 2020 年，具有中国特色的青年发展政策体系和工作机制初步形成，广大青年思想政治素养和全面发展水平进一步提升，在决胜全面建成小康社会伟大实践中的生力军和突击队作用得到充分发挥。这一阶段目标已经圆满实现。到 2025 年，具有中国特色的青年发展政策体系和工作机制更加完善，广大青年思想政治素养和全面发展水平明显提升，不断成长为志存高远、德才并重、情理兼修、勇于开拓，堪当实现中华民族伟大复兴中国梦历史重任的有生力量。

111
在青年思想道德领域中长期青年发展规划的发展目标、发展措施是什么？

中长期青年发展规划聚焦青年思想道德建设，其发展目标为：广大青年积极践行社会主义核心价值观，中国特色社会主义道路自信、理论自信、制度自信、文化自信进一步增强，思想道德水平和文明素质进一步提高，为实现中国梦而奋斗的共同思想道德基础更加巩固。发展措施包括：一是加强青年理想信念教育。深入开展共产主义、中国特色社会主义和中国梦学习宣传教育，开展习近平总书记系列重要讲话精神和治国理政新理念新思想新战略学习教育，深入实施青年马克思主义者培养工程，实施高校思想政治理论课建设体系创新计划。二是在青年中培育和践行社会主义核心价值观。大力弘扬以爱国主义为核心的民族精神和以改革创新为核心的时代精神，引导青年传承弘扬中华优秀传统文化，加强民族团结宣传教育，开展青年国防教育。三是分类开展青年思想教育和引导。面向中学中职学生，广泛开展"与人生对话"主题活动；面向企业青年，广泛开展岗位建功活动；面向进城务工青年，在排忧解难、传递关怀中引导他们心向党和政府、矢志拼搏奋斗；面向农村青年，广泛宣传党和政府的支农惠农政策。四是强化网上思想引领。大力开展正面宣传，实施"青年好声音"系列网络文化行动，提升网络舆情分析和引导能力，广泛开展青年网络文明志愿者行动。

★ 重要论述

　　培养时代新人，重中之重是要以坚定的理想信念筑牢精神之基。这个理想信念，就是对马克思主义的坚定信仰，对社会主义和共产主义的坚定信念，对中国特色社会主义道路、理论、制度、文化的坚定自信。

　　要在全体人民特别是青少年中加强理想信念教育，深化社会主义和共产主义宣传教育，深化中国特色社会主义和中国梦宣传教育，弘扬以爱国主义为核心的民族精神和以改革创新为核心的时代精神，让理想信念的明灯永远在全国各族人民心中闪亮。

——摘自 2018 年 8 月 21 日习近平总书记在全国宣传思想工作会议上的讲话

112

在青年教育领域中长期青年发展规划的发展目标、发展措施是什么？

中长期青年发展规划高度重视青年教育工作，提出的发展目标为：青年受教育权利得到更好保障，基本公共教育服务均等化逐步实现，教育公平程度明显提升。新增劳动力平均受教育年限达到 13.5 年以上，高等教育毛入学率达到 50% 以上。发展措施包括：一是提高学校育人质量。坚持立德树人，深化教育改革，把增强学生社会责任感、法治意识、创新精神、实践能力作为重点任务贯彻到学校教育全过程。二是科学配置教育资源。加大公共教育投入向中西部和民族边远贫困地区的倾斜力度，逐步缩小地区间教育资源差距。三是强化社会实践教育。完善扶持政策，加大经费投入，加强青年社会实践基地建设，鼓励机关、军队、企事业单位、社会组织为有组织的青年社会实践提供帮助和便利。四是促进青年终身学习。大力发展继续教育，加大青年社会教育投入，推动各类学习资源开放共享，构建灵活开放的终身教育培训体系。五是培育青年人才队伍。实施青年英才开发计划，统筹推进党政人才、企业经营管理人才、专业技术人才、高技能人才、农村实用人才、社会工作人才等领域青年人才队伍建设，建立健全对青年人才普惠性支持措施，改革完善青年人才管理体制。

113
在青年健康领域中长期青年发展规划的发展目标、发展措施是什么？

中长期青年发展规划高度重视青年健康事业，其发展目标为：持续提升青年营养健康水平和体质健康水平，青年体质达标率不低于90%；有效控制青年心理健康问题发生率，青年心理健康辅导和服务水平得到较大提升；引领青年积极投身健康中国建设。发展措施主要包括：一是提高青年体质健康水平。实施全民健身计划，组织青年广泛参与全民健身运动，在城乡社区建设更多适应青年特点的体育设施和场所，鼓励和支持青年体育类社会组织发展。二是加强青年心理健康教育和服务。注重加强对青年的人文关怀和心理疏导，引导青年自尊自信、理性平和、积极向上，培养良好心理素质和意志品质。促进青年身心和谐发展，指导青年正确处理个人与他人、个人与集体、个人与社会的关系。三是提高各类青年群体健康水平。重视服务残疾青年的专业康复训练，落实器材、场所等配套保障，解决农村地区、贫困地区、西部地区青年学生的营养健康问题，做好青年职业病的预防和治疗工作，动员社会力量，通过志愿服务、慈善捐助等形式为青年群体提供有针对性的健康服务。四是加强青年健康促进工作。编撰和出版有关生命教育的读物，定期组织青年参与公共场所安全演练，在青年中倡导健康生活方式，做好禁毒宣传教育工作，强化对娱乐场所的监管。

114
在青年婚恋领域中长期青年发展规划的
发展目标、发展措施是什么？

中长期青年发展规划将青年婚恋问题作为重点工作领域，提出的发展目标为：青年婚恋观念更加文明、健康、理性；青年婚姻家庭和生殖健康服务水平进一步提升；青年的相关法定权利得到更好保障。发展措施主要包括：一是加强青年婚恋观、家庭观教育和引导。将婚恋教育纳入高校教育体系，引导青年树立正确的家庭观念。二是切实服务青年婚恋交友。支持开展健康的青年交友交流活动，重点做好大龄未婚青年等群体的婚姻服务工作。三是开展青年性健康教育和优生优育宣传教育。在青年中加强对国家人口发展战略和政策的宣传教育，促进人口均衡发展。四是保障青年在孕期、产假、哺乳期期间享有的法定权益。全面落实女性青年在怀孕、生育和哺乳期间依法享有的各项权利。鼓励条件成熟的地方探索在物质、假期等方面给予青年更多支持。

115

在青年就业创业领域中长期青年发展规划的发展目标、发展措施是什么？

　　中长期青年发展规划聚焦推动青年就业创业能力增长，其发展目标为：青年就业比较充分，高校毕业生就业保持在较高水平；青年就业权利保障更加完善，青年的薪资待遇、劳动保护、社会保险等合法权益得到充分保护；青年创业服务体系更加完善，创业活力明显提升。发展措施主要包括：一是推动完善促进青年就业创业政策体系。根据就业形势和就业工作重点变化，加强就业政策与产业、贸易、财税、金融等政策的协调，进一步完善积极就业政策。二是加强青年就业服务。实施青年就业见习计划，健全城乡均等的公共就业创业服务体系，创新就业信息服务方式方法，加强青年职业培训，开展青年农民工职业技能培训和重点群体职业培训。三是推动青年投身创业实践。建立青年创业人才汇聚平台，建设青年创业导师团队，推动青年创业第三方综合服务体系建设，加大青年创业金融服务落地力度，落实结构性减税和普遍性降费政策，着力培育服务青年创业的社会组织，深入开展农村青年创业致富带头人培养，完善互联网创新创业政策。四是加强青年就业权益保障。完善青年就业、劳动保障权益保护机制，加大劳动保障监察执法、劳动人事争议调解仲裁诉讼、安全生产监管监察工作力度，加强人力资源市场监管，完善失业保险、社会救助与就业的联动机制。

116
在青年文化领域中长期青年发展规划的发展目标、发展措施是什么?

中长期青年发展规划极为关注健康青年文化建设,其发展目标为:更好引导青年传承中华优秀传统文化、弘扬社会主义先进文化。青年文化活动更加丰富,文化精品不断增多,传播能力大幅提升,人才队伍发展壮大,服务设施、机构和体制更加健全。青年对提升国家文化软实力贡献率显著提高。发展措施主要包括:一是加强文化精品创作生产。发挥国家级重大工程项目、评奖的引导带动作用,引领网络文化,保护网络文化知识产权,加强对青年题材重点选题项目的扶持。二是丰富青年文化活动。广泛开展优秀文化作品全国性巡展巡演,引导青年积极参与文化遗产保护、传统工艺振兴、民间文艺传承,加强中国青年与各国青年人文交流,学习、吸收、借鉴世界优秀文化成果。三是造就青年文化人才。实施青年文化人才培养计划,加强后备文化人才队伍建设,凝聚文化研究、创作、表演、传播、经营、管理、志愿服务等青年人才。四是优化青年文化环境。鼓励和支持有条件的报刊、电台、电视台、新闻网站设立青年栏目、节目，制作和传播有益于青年健康成长的内容，增加优秀青年文化精品的宣传内容、频次，推进公共文化设施免费开放。五是积极支持青年文化建设。加强文化理论研究，扶持以服务青年为主要功能的报纸、刊物、新闻出版、网站等文化企事业单位发展，促进企业和民间资本增加对青年文化事业的投入，鼓励国家投资、资助或拥有版权的文化产品无偿用于公益性青年文化活动和服务。

117

在青年社会融入与社会参与方面中长期青年发展规划的发展目标、发展措施是什么？

中长期青年发展规划把推动青年社会融入与社会参与作为重点工作，其发展目标为：青年更加主动、自信地适应社会、融入社会。青年社会参与的渠道和方式进一步丰富和畅通，实现积极有序、理性合法参与。共青团、青联、学联组织在促进青年社会融入和社会参与中的主导作用充分发挥，带动各类青年组织在促进青年有序社会参与中发挥积极作用。青年参与社会主义现代化建设的积极性主动性进一步增强，青年志愿服务水平进一步提高。不同青年群体相互理解尊重。青年对外交流合作不断拓展，主要发展措施包括：一是健全党领导下的以共青团为主导的青年组织体系。二是着力促进青年更好实现社会融入。三是引领青年有序参与政治生活和社会公共事务。四是鼓励青年在经济社会发展中充分发挥生力军和突击队作用。五是引导青年社会组织健康有序发展。六是增进不同青年群体的交流融合。七是增强港澳台青年的国家认同、民族认同和文化认同。八是支持青年参与国际交往。

118
在维护青少年合法权益方面中长期青年发展规划的发展目标、发展措施是什么？

中长期青年发展规划围绕维护青少年合法权益持续用力，其发展目标为：青少年权益维护的法律法规和政策体系更加完善，得到全面贯彻实施。青少年权益保护的工作体系和工作机制更加健全，合法权益得到切实维护。侵害青少年合法权益的行为受到有效打击和遏制。发展措施主要包括：一是全面贯彻实施有关青少年发展的法律法规。二是完善青少年权益维护法律法规和政策。三是健全青少年权益保护机制。四是依法打击侵害青少年合法权益的行为。

★ 相关知识

青少年权益保护

青少年权益保护是指维权主体根据法律的规

定，依法保护青少年的政治、经济、文化教育等权利和利益，并排除其他非法行为的干涉或者侵害，保障青少年的合法权益得以顺利实现。从共青团维权工作的角度分析，维护青少年合法权益的方式主要包括法治化维权、组织化维权和社会化维权。其中，法治化维权是共青团组织通过推动有关青少年权益保护的法律法规的制定完善和贯彻执行，开展维权工作；组织化维权指在党委、政府的统一领导下，以共青团的组织网络和工作体系为基础，依托相关部门的资源和工作力量，逐级满足青少年的利益诉求，维护青少年合法权益；社会化维权指共青团运用符合自身特性的社会化工作方式，探索社会化维权渠道和路径，联合和借助社会力量进行维权。

119
在预防青少年违法犯罪方面中长期青年发展规划的发展目标、发展措施是什么?

中长期青年发展规划高度重视预防青少年违法犯罪,其发展目标为:青少年法治宣传教育常态化、全覆盖,青少年法治观念和法治意识不断增强,成长环境进一步净化。形成比较完善的重点青少年群体服务管理和预防犯罪工作格局,建立针对有严重不良行为和涉罪青少年进行教育矫治的有效机制,青少年涉案涉罪数据逐步下降。发展措施主要包括:一是加强法治宣传教育。二是优化青少年成长环境。三是做好重点青少年群体服务管理工作。四是完善未成年人司法保护制度。

120
在青年社会保障方面中长期青年发展规划的发展目标、发展措施是什么？

中长期青年发展规划聚焦完善青年社会保障体系建设，其发展目标为：社会保障体系充分覆盖青年急需的保障需求，并在各类青年群体之间逐步实现均等化。发展措施主要包括：一是加强对残疾青年的关心关爱和扶持保障。健全完善残疾青年教育、医疗、就业等方面的服务保障政策，推动残疾青年平等参与社会生活、共享经济社会发展成果，大力开展面向残疾青年的专业社会工作和志愿服务。二是加强青年社会救助工作。完善社会救助制度，健全救助服务管理工作机制，加大对流浪未成年人的救助力度，为家庭困难的失学、失业、失管青年提供就业、就学、就医、生活等方面的帮助，加大临时救助政策的落实力度，切实解决部分农村留守儿童中存在的学业失教、生活失助、亲情失落、心理失衡、安全失保问题，大力推进城镇基本公共服务向常住人口全覆盖。

121
中长期青年发展规划的重点项目有哪些？

中长期青年发展规划的重点项目主要由十大工程组成：一是青年马克思主义者培养工程，二是青年社会主义核心价值观培养工程，三是青年体质健康提升工程，四是青年就业见习工程，五是青年文化精品工程，六是青年网络文明发展工程，七是中国青年志愿者行动工程，八是青年民族团结进步促进工程，九是港澳台青少年交流工程，十是青少年事务社会工作专业人才队伍建设工程。

122
共青团中央改革方案的指导思想、基本原则、主要目标是什么？

　　中共中央办公厅印发的《共青团中央改革方案》，其中明确了共青团中央改革方案的指导思想、基本原则和主要目标。指导思想为：深入贯彻党的十八大和十八届三中、四中、五中全会精神，全面贯彻习近平总书记系列重要讲话特别是关于青少年和共青团工作的重要指示精神，深刻把握中国特色社会主义群团发展道路"六个坚持"的基本要求和"三统一"的基本特征，牢牢把握为实现中华民族伟大复兴中国梦而奋斗这一中国青年运动的时代主题，以保持和增强政治性、先进性、群众性为基本要求，着力解决存在的突出问题，增强自我革新的勇气，着力推进组织创新和工作创新，带领全团把广大青年紧密团结凝聚在党的周围，为协调推进"五位一体"总体布局和"四个全面"战略布局、实现"两个一百年"奋斗目标作贡献。基本原则有：共青团改革必须坚持党的领导、把准政治方向，坚持立足根本、围绕时代主题，坚持服务青年、直接联系青年，坚持问题导向、有效改进作风，坚持加强基层、支持基层创新。主要目标为：紧紧围绕保持和增强政治性、先进性、群众性这一基本要求，以体制机制改革为突破口，改革团中央的组织机构、干部队伍、管理模式和工作方式，打造有影响的青年工作品牌，构建"凝聚青年、服务大局、当好桥梁、从严治团"的工作格局；带动各级团组织共同建设思想政治坚定、组织体系健全、运行机制科学、工作方式创新、联系青年密切、作风扎实过硬，更加充满活力、更加坚强有力的共青团，更好团结带领青年发挥生力军和突击队作用，更好肩负起党交给共青团的光荣使命，紧跟党走在群团改革的前列。

★ 延伸阅读

青年团改革再出发

2016 年 8 月，《共青团中央改革方案》在中共中央书记处的指导下起草完成并正式印发，这标志着共青团这个由党缔造和领导的先进青年群众组织，全面进入"改革进行时"。

随后几年，《全国青联改革方案》《学联学生会组织改革方案》等相继印发，不断增强共青团的政治性、先进性、群众性。

2018 年 7 月 2 日，团十八大闭幕后，习近平总书记在同团中央新一届领导班子集体谈话时，充分肯定团中央改革取得的成效和团十八大提出的"共青团改革再出发"的思路，要求把改革向纵深推进。

在习近平总书记指导和推动下，以共青团为骨干力量的党的青年组织改革取得重大进展，政治性、先进性、群众性显著增强，基层建设和改革成效突出，组织战斗力和工作活力进一步提升。

（资料来源：《以奋斗姿态激扬青春——新时代党的青年工作成就综述》，《人民日报》2023年6月18日）

123
共青团中央从哪些方面和领域提出了改革措施？

　　《共青团中央改革方案》从四大方面、十二个领域提出了改革措施：第一，改进团中央领导机构人员构成、机构设置和运行机制。主要包括完善代表大会和委员会制度，改革优化机关职能和机构，改进团的领导体制和机关运行方式。第二，改革团中央机关干部选拔、使用和管理。主要包括把团的岗位作为党政等各领域、各行业优秀年轻干部提高群众工作能力、培养群众工作作风、丰富群众工作经验的重要平台，加强机关干部作风建设。第三，改革创新团的工作、活动和基层组织建设。主要包括创新组织动员团员青年服务大局的载体和方式，提高服务青年和维护青少年合法权益的能力，大力实施"网上共青团"工程，着力夯实基层基础。第四，加大党委和政府对共青团工作的支持保障力度。主要包括落实党建带团建制度，健全政府协调工作机制。